TRANZLATY

La Langue est pour tout le Monde

زبان سب کے لیے ہے۔

Le Manifeste Communiste

كميونسٹ منشور

Karl Marx
&
Friedrich Engels

Français / اردو

Introduction
تعارف

Un spectre hante l'Europe : le spectre du communisme

کمیونزم کا بھوت یورپ کو پریشان کر رہا ہے

Toutes les puissances de la vieille Europe ont conclu une sainte alliance pour exorciser ce spectre

پرانے یورپ کی تمام طاقتوں نے اس بھوت کو ختم کرنے کے لئے ایک مقدس اتحاد میں شمولیت اختیار کی ہے۔

Le pape et le tsar, Metternich et Guizot, les radicaux français et les espions de la police allemande

پوپ اور زار، میٹرنیچ اور گیزوٹ، فرانسیسی بنیاد پرست اور جرمن پولیس جاسوس

Où est le parti dans l'opposition qui n'a pas été décrié comme communiste par ses adversaires au pouvoir ?

اپوزیشن میں وہ پارٹی کہاں ہے جسے اقتدار میں موجود اس کے مخالفین نے کمیونسٹ قرار نہیں دیا ہے؟

Où est l'opposition qui n'a pas rejeté le reproche de marque du communisme contre les partis d'opposition les plus avancés ?

وہ اپوزیشن کہاں ہے جس نے زیادہ ترقی یافتہ اپوزیشن جماعتوں کے خلاف کمیونزم کی برانڈنگ کی مذمت نہیں کی؟

Et où est le parti qui n'a pas porté l'accusation contre ses adversaires réactionnaires ?

اور وہ پارٹی کہاں ہے جس نے اپنے رجعتی مخالفین پر الزام نہیں لگایا؟

Deux choses résultent de ce fait

اس حقیقت سے دو چیزیں نکلتی ہیں

I. Le communisme est déjà reconnu par toutes les puissances européennes comme étant lui-même une puissance

کمیونزم کو پہلے ہی تمام یورپی طاقتوں نے خود کو ایک طاقت کے طور پر تسلیم کیا ہے۔

II. Il est grand temps que les communistes publient ouvertement, à la face du monde entier, leurs vues, leurs buts et leurs tendances

اب وقت آگیا ہے کہ کمیونسٹ پوری دنیا کے سامنے کھل کر اپنے خیالات، مقاصد اور رجحانات کو شائع کریں۔

ils doivent répondre à ce conte enfantin du spectre du communisme par un manifeste du parti lui-même

انہیں خود پارٹی کے منشور کے ساتھ کمیونزم کے سپیکٹر کی اس نرسری کہانی کا سامنا کرنا ہوگا۔

À cette fin, des communistes de diverses nationalités se sont réunis à Londres et ont esquissé le manifeste suivant

اس مقصد کے لیے مختلف قومیتوں کے کمیونسٹ لندن میں جمع ہوئے اور مندرجہ ذیل منشور تیار کیا۔

ce manifeste sera publié en anglais, français, allemand, italien, flamand et danois

یہ منشور انگریزی، فرانسیسی، جرمن، اطالوی، فلیمش اور ڈینش زبانوں میں شائع کیا جانا ہے۔

Et maintenant, il doit être publié dans toutes les langues proposées par Tranzlaty

اور اب اسے ان تمام زبانوں میں شائع کیا جانا ہے جو ٹرانزلیٹی پیش کرتا ہے۔

Les bourgeois et les prolétaires
بورژوا اور پرولتاريہ

L'histoire de toutes les sociétés qui ont existé jusqu'à présent est l'histoire des luttes de classes

اب تک موجود تمام معاشروں کی تاریخ طبقاتی جدوجہد کی تاریخ ہے۔

Homme libre et esclave, patricien et plébéien, seigneur et serf, maître de guilde et compagnon

فری مین اور غلام، پیٹریشین اور پلیبین، مالک اور سرف، گلڈ ماسٹر اور سفر کرنے والا

en un mot, oppresseur et opprimé

ایک لفظ میں ظالم اور مظلوم

Ces classes sociales étaient en opposition constante les unes avec les autres

یہ سماجی طبقات ایک دوسرے کی مسلسل مخالفت میں کھڑے تھے۔

Ils se sont battus sans interruption. Maintenant caché, maintenant ouvert

انہوں نے بلا تعطل لڑائی جاری رکھی۔ اب پوشیدہ، اب کھلا

un combat qui s'est terminé par une reconstitution révolutionnaire de la société dans son ensemble

ایک ایسی لڑائی جو یا تو بڑے پیمانے پر معاشرے کی انقلابی تشکیل نو میں ختم ہوئی۔

ou un combat qui s'est terminé par la ruine commune des classes en lutte

یا ایک ایسی لڑائی جو متحارب طبقوں کی مشترکہ تباہی میں ختم ہوئی۔

Jetons un coup d'œil aux époques antérieures de l'histoire

آئیے تاریخ کے پرانے ادوار پر نظر ڈالتے ہیں۔

Nous trouvons presque partout un arrangement compliqué de la société en divers ordres

ہم تقریبا ہر جگہ مختلف احکامات میں معاشرے کا ایک پیچیدہ انتظام پاتے ہیں۔

Il y a toujours eu une gradation multiple du rang social

سماجی رتبے میں ہمیشہ کئی گنا اضافہ ہوا ہے۔

Dans la Rome antique, nous avons des patriciens, des chevaliers, des plébéiens, des esclaves

قدیم روم میں ہمارے پاس پیٹریشیئن، نائٹس، پلیبیینز، غلام تھے۔

au Moyen Âge : seigneurs féodaux, vassaux, maîtres de corporation, compagnons, apprentis, serfs

قرونِ وسطیٰ میں: جاگیردار، جاگیردار، گلڈ ماسٹر، سفر کرنے والے تربیت یافتہ، سرف۔

Dans presque toutes ces classes, encore une fois, les gradations subordonnées

ان میں سے تقریبا سبھی طبقوں میں، ایک بار پھر، ماتحت درجہ بندی

La société bourgeoise moderne est née des ruines de la société féodale

جدید بورژوازی معاشرہ جاگیردارانہ معاشرے کے کھنڈرات سے ابھر کر سامنے آیا ہے۔

Mais ce nouvel ordre social n'a pas fait disparaître les antagonismes de classe

لیکن اس نئے اس نئے سماجی نظام نے طبقاتی دشمنیوں کو ختم نہیں کیا ہے۔

Elle n'a fait qu'établir de nouvelles classes et de nouvelles conditions d'oppression

لیکن اس نے نئے طبقات اور جبر کے نئے حالات قائم کیے ہیں۔

Il a mis en place de nouvelles formes de lutte à la place des anciennes

اس نے پرانی جدوجہد کی جگہ جدوجہد کی نئی شکلیں قائم کی ہیں۔

Cependant, l'époque dans laquelle nous nous trouvons possède un trait distinctif

تاہم ، جس دور میں ہم خود کو پاتے ہیں اس میں ایک خاص خصوصیت ہے۔

l'époque de la bourgeoisie a simplifié les antagonismes de classe

بورژوازی کے دور نے طبقاتی دشمنیوں کو آسان بنا دیا ہے

La société dans son ensemble se divise de plus en plus en deux grands camps hostiles

مجموعی طور پر معاشرہ زیادہ سے زیادہ دو بڑے دشمن کیمپوں میں تقسیم ہوتا جا رہا ہے۔

deux grandes classes sociales qui se font directement face : la bourgeoisie et le prolétariat

دو عظیم سماجی طبقات براہ راست ایک دوسرے کے آمنے سامنے ہیں :بورژوازی اور پرولتاریہ

Des serfs du Moyen Âge sont sortis les bourgeois agréés des premières villes

قرون وسطیٰ کے سرداروں سے ابتدائی قصبوں کے چارٹرڈ برگر ابھرے۔

C'est à partir de ces bourgeois que se sont développés les premiers éléments de la bourgeoisie

ان برجوں سے بورژوازی کے پہلے عناصر تیار ہوئے۔

La découverte de l'Amérique et le contournement du Cap

امریکہ کی دریافت اور کیپ کا چکر لگانا

ces événements ont ouvert un nouveau terrain à la bourgeoisie montante

ان واقعات نے ابھرتی ہوئی بورژوازی کے لئے ایک نئی زمین کھول دی۔

Les marchés des Indes orientales et de la Chine, la colonisation de l'Amérique, le commerce avec les colonies

مشرقی ہند اور چینی منڈیاں، امریکہ کی نوآبادیات، کالونیوں کے ساتھ تجارت

l'augmentation des moyens d'échange et des marchandises en général

تبادلے کے ذرائع اور عام طور پر اجناس میں اضافہ

Ces événements donnèrent au commerce, à la navigation et à l'industrie une impulsion jamais connue jusque-là

ان واقعات نے تجارت، نیوی گیشن اور صنعت کو ایک ایسا جذبہ دیا جو پہلے کبھی معلوم نہیں تھا۔

Elle a donné un développement rapide à l'élément révolutionnaire dans la société féodale chancelante

اس نے جاگیردارانہ معاشرے میں انقلابی عنصر کو تیزی سے ترقی دی۔

Les guildes fermées avaient monopolisé le système féodal de la production industrielle

بند انجمنوں نے صنعتی پیداوار کے جاگیردارانہ نظام پر اجارہ داری قائم کر رکھی تھی۔

Mais cela ne suffisait plus aux besoins croissants des nouveaux marchés

لیکن یہ اب نئی مارکیٹوں کی بڑھتی ہوئی ضروریات کے لئے کافی نہیں ہے

Le système manufacturier a pris la place du système féodal de l'industrie

مینوفیکچرنگ سسٹم نے صنعت کے جاگیردارانہ نظام کی جگہ لے لی۔

Les maîtres de guilde étaient poussés d'un côté par la classe moyenne manufacturière

گلڈ ماسٹرز کو مینوفیکچرنگ مڈل کلاس نے ایک طرف دھکیل دیا

La division du travail entre les différentes corporations a disparu

مختلف کارپوریٹ انجمنوں کے درمیان مزدوروں کی تقسیم غائب ہو گئی

La division du travail s'infiltrait dans chaque atelier

مزدوروں کی تقسیم ہر ایک ورکشاپ میں داخل ہوئی

Pendant ce temps, les marchés ne cessaient de croître et la demande ne cessait d'augmenter

دریں اثنا، مارکیٹوں میں مسلسل اضافہ ہوتا رہا، اور مانگ میں مسلسل اضافہ ہوتا رہا

Même les usines ne suffisaient plus à répondre à la demande

یہاں تک کہ فیکٹریاں بھی اب مطالبات کو پورا کرنے کے لئے کافی نہیں ہیں

À partir de là, la vapeur et les machines ont révolutionné la production industrielle

اس کے بعد بھاپ اور مشینری نے صنعتی پیداوار میں انقلاب برپا کر دیا۔

La place de fabrication a été prise par le géant de l'industrie moderne

اس کی تیاری کی جگہ جدید صنعت نے لے لی تھی۔

La place de la classe moyenne industrielle a été prise par des millionnaires industriels

صنعتی متوسط طبقے کی جگہ صنعتی کروڑ پتیوں نے لے لی

la place de chefs d'armées industrielles entières ont été prises par la bourgeoisie moderne

تمام صنعتی افواج کے رہنماؤں کی جگہ جدید بورژوازی نے لے لی۔

la découverte de l'Amérique a ouvert la voie à l'industrie moderne pour établir le marché mondial

امریکہ کی دریافت نے جدید صنعت کے لئے عالمی مارکیٹ قائم کرنے
کی راہ ہموار کی

Ce marché donna un immense développement au commerce,
à la navigation et aux communications par terre

اس مارکیٹ نے تجارت، نیویگیشن اور زمینی راستے سے مواصلات
کو بے پناہ ترقی دی۔

Cette évolution a, en son temps, réagi à l'extension de
l'industrie

اس پیش رفت نے، اپنے وقت میں، صنعت کی توسیع پر رد عمل ظاہر
کیا ہے

elle a réagi proportionnellement à l'expansion de l'industrie
et à l'extension du commerce, de la navigation et des
chemins de fer

اس نے اس تناسب سے رد عمل ظاہر کیا کہ کس طرح صنعت کی
توسیع ہوئی ، اور تجارت ، نیویگیشن اور ریلوے کو کس طرح بڑھایا
گیا۔

dans la même proportion que la bourgeoisie s'est
développée, elle a augmenté son capital

بورژوازی نے جس تناسب سے ترقی کی، اسی تناسب سے انہوں نے
اپنے سرمائے میں اضافہ کیا۔

et la bourgeoisie a relégué à l'arrière-plan toutes les classes
héritées du Moyen Âge

اور بورژوازی کو اس پس منظر میں دھکیل دیا گیا جو قرون وسطیٰ
سے ہر طبقے کو دیا گیا تھا۔

c'est pourquoi la bourgeoisie moderne est elle-même le
produit d'un long développement

لہٰذا جدید بورژوازی بذات خود ترقی کے ایک طویل سفر کی پیداوار
ہے۔

On voit qu'il s'agit d'une série de révolutions dans les
modes de production et d'échange

ہم دیکھتے ہیں کہ یہ پیداوار اور تبادلے کے طریقوں میں انقلابات کا
ایک سلسلہ ہے

Chaque étape du développement de la bourgeoisie
s'accompagnait d'une avancée politique correspondante

ہر ترقیاتی بورژوازی قدم کے ساتھ اسی طرح کی سیاسی پیش رفت
بھی ہوتی تھی۔

Une classe opprimée sous l'emprise de la noblesse féodale

جاگیردارانہ اشرافیہ کے زیر اثر ایک مظلوم طبقہ

Une association armée et autonome dans la commune médiévale

میڈیاویل کمیون میں ایک مسلح اور خود مختار ایسوسی ایشن

ici, une république urbaine indépendante (comme en Italie et en Allemagne)

یہاں، ایک آزاد شہری جمہوریہ)جیسا کہ اٹلی اور جرمنی میں(

là, un « tiers état » imposable de la monarchie (comme en France)

وہاں ، بادشاہت کی ایک قابل ٹیکس "تیسری جائیداد")جیسا کہ فرانس میں(

par la suite, dans la période de fabrication proprement dite

اس کے بعد، مناسب تیاری کی مدت میں

la bourgeoisie servait soit la monarchie semi-féodale, soit la monarchie absolue

بورژوازی نے یا تو نیم جاگیردارانہ یا مطلق بادشاہت کی خدمت کی۔

ou bien la bourgeoisie faisait contrepoids à la noblesse

یا بورژوازی نے اشرافیہ کے خلاف جوابی کارروائی کے طور پر کام کیا۔

et, en fait, la bourgeoisie était une pierre angulaire des grandes monarchies en général

اور درحقیقت بورژوازی عام طور پر عظیم بادشاہتوں کا ایک کونے کا پتھر تھا۔

mais l'industrie moderne et le marché mondial se sont établis depuis lors

لیکن اس کے بعد سے جدید صنعت اور عالمی مارکیٹ نے خود کو قائم کیا۔

et la bourgeoisie s'est emparée de l'emprise politique exclusive

اور بورژوازی نے اپنے لیے مخصوص سیاسی غلبہ حاصل کر لیا ہے۔

elle a obtenu cette influence politique à travers l'État représentatif moderne

اس نے جدید نمائندہ ریاست کے ذریعے یہ سیاسی غلبہ حاصل کیا۔

Les exécutifs de l'État moderne ne sont qu'un comité de gestion

جدید ریاست کے ایگزیکٹوز صرف ایک انتظامی کمیٹی ہیں

et ils gèrent les affaires communes de toute la bourgeoisie

اور وہ پورے بورژوازی کے مشترکہ معاملات کا انتظام کرتے ہیں۔

La bourgeoisie, historiquement, a joué un rôle des plus
révolutionnaires

بورژوازی نے تاریخی طور پر سب سے زیادہ انقلابی کردار ادا کیا
ہے۔

Partout où elle a pris le dessus, elle a mis fin à toutes les
relations féodales, patriarcales et idylliques

جہاں کہیں بھی اسے بالادستی حاصل ہوئی، اس نے تمام جاگیردارانہ،
پدرشاہی اور مکروہ تعلقات کا خاتمہ کر دیا۔

Elle a impitoyablement déchiré les liens féodaux hétéroclites
qui liaient l'homme à ses « supérieurs naturels »

اس نے ان جاگیردارانہ رشتوں کو بری طرح توڑ دیا ہے جو انسان کو
اس کے "فطری بزرگوں "سے باندھتے ہیں۔

et il n'y a plus de lien entre l'homme et l'homme, si ce n'est
l'intérêt personnel

اور اس نے ننگے ذاتی مفادات کے علاوہ انسان اور انسان کے درمیان
کوئی گٹھ جوڑ نہیں چھوڑا ہے۔

Les relations de l'homme entre eux ne sont plus qu'un «
paiement en espèces » impitoyable

انسان کے ایک دوسرے کے ساتھ تعلقات بے رحمی "نقد ادائیگی "سے
زیادہ کچھ نہیں بن گئے ہیں۔

Elle a noyé les extases les plus célestes de la ferveur
religieuse

اس نے مذہبی جوش و خروش کے سب سے زیادہ آسمانی جوش و
خروش کو غرق کر دیا ہے۔

elle a noyé l'enthousiasme chevaleresque et le
sentimentalisme philistin

اس نے شائستہ جوش و خروش اور فلسفیانہ جذباتیت کو غرق کر دیا
ہے۔

Il a noyé ces choses dans l'eau glacée du calcul égoïste

اس نے ان چیزوں کو مغرور حساب کے برفیلے پانی میں غرق کر دیا
ہے

Il a transformé la valeur personnelle en valeur échangeable

اس نے ذاتی قدر کو قابل تبادلہ قدر میں حل کیا ہے

elle a remplacé les innombrables et inaliénables libertés
garanties par la Charte

اس نے بے شمار اور ناقابل تسخیر چارٹرڈ آزادیوں کی جگہ لے لی
ہے۔

et il a mis en place une liberté unique et inadmissible ;
Libre-échange

اور اس نے ایک واحد، ناقابل تسخیر آزادی قائم کی ہے۔ آزاد تجارت

En un mot, il l'a fait pour l'exploitation

ایک لفظ میں، اس نے استحصال کے لئے ایسا کیا ہے

Une exploitation voilée par des illusions religieuses et
politiques

استحصال مذہبی اور سیاسی غلط فہمیوں سے ڈھکا ہوا ہے

l'exploitation voilée par une exploitation nue, éhontée,
directe, brutale

ننگے، بے شرم، براہ راست، سفاکانہ استحصال سے ڈھکا ہوا
استحصال

la bourgeoisie a enlevé l'auréole de toutes les occupations
jusque-là honorées et vénérées

بورژوازی نے پہلے سے ہر قابل احترام اور قابل احترام پیشے سے ہال
کو چھین لیا ہے۔

le médecin, l'avocat, le prêtre, le poète et l'homme de science

طبیب، وکیل، پادری، شاعر اور سائنس کا آدمی

Il a converti ces travailleurs distingués en ses travailleurs
salariés

اس نے ان ممتاز مزدوروں کو اپنے اجرت والے مزدوروں میں تبدیل
کر دیا ہے۔

La bourgeoisie a déchiré le voile sentimental de la famille

بورژوازی نے خاندان سے جذباتی پردے کو توڑ دیا ہے

et elle a réduit la relation familiale à une simple relation
d'argent

اور اس نے خاندانی تعلقات کو محض پیسے کے رشتے تک محدود کر
دیا ہے۔

la brutale démonstration de vigueur au Moyen Âge que les
réactionnaires admirent tant

قرون وسطیٰ میں جوش و خروش کا وحشیانہ مظاہرہ جس کی رجعت
پسند بہت بہت تعریف کرتے ہیں

Même cela a trouvé son complément approprié dans l'indolence la plus paresseuse

یہاں تک کہ اس نے بھی انتہائی سست روی میں اپنی مناسب تکمیل پائی۔

La bourgeoisie a révélé comment tout cela s'est passé

بورژوازی نے انکشاف کیا ہے کہ یہ سب کیسے ہوا

La bourgeoisie a été la première à montrer ce que l'activité de l'homme peut produire

بورژوازی سب سے پہلے یہ دکھانے والی ہے کہ انسان کی سرگرمی کیا لا سکتی ہے۔

Il a accompli des merveilles surpassant de loin les pyramides égyptiennes, les aqueducs romains et les cathédrales gothiques

اس نے اہرام مصر، رومی آبی گزرگاہوں اور گوتھک گرجا گھروں کو پیچھے چھوڑتے ہوئے حیرت انگیز کامیابیاں حاصل کی ہیں۔

et il a mené des expéditions qui ont mis dans l'ombre tous les anciens Exodes des nations et les croisades

اور اس نے مہمات کا انعقاد کیا ہے جس نے تمام سابقہ قوموں اور صلیبی جنگوں کو سائے میں ڈال دیا ہے۔

La bourgeoisie ne peut exister sans révolutionner sans cesse les instruments de production

بورژوازی پیداوار کے آلات میں مسلسل انقلاب برپا کیے بغیر وجود نہیں رکھ سکتی۔

et par conséquent elle ne peut exister sans ses rapports à la production

اور اس طرح یہ پیداوار کے ساتھ اپنے تعلقات کے بغیر وجود نہیں رکھ سکتا

et donc elle ne peut exister sans ses relations avec la société

اور اس لئے یہ معاشرے کے ساتھ اپنے تعلقات کے بغیر وجود میں نہیں آ سکتا۔

Toutes les classes industrielles antérieures avaient une condition en commun

تمام سابقہ صنعتی طبقات میں ایک ہی شرط مشترک تھی۔

Ils s'appuyaient sur la conservation des anciens modes de production

انہوں نے پیداوار کے پرانے طریقوں کے تحفظ پر انحصار کیا

mais la bourgeoisie a apporté avec elle une dynamique tout
à fait nouvelle

لیکن بورژوازی اپنے ساتھ ایک بالکل نئی تحریک لے کر آئی۔

Révolution constante de la production et perturbation
ininterrompue de toutes les conditions sociales

پیداوار میں مسلسل انقلاب اور تمام معاشرتی حالات میں بلا تعطل خلل

cette incertitude et cette agitation perpétuelles distinguent
l'époque bourgeoise de toutes les époques antérieures

یہ دائمی بے یقینی اور تحریک بورژوازی دور کو پہلے کے تمام ادوار
سے ممتاز کرتی ہے۔

Les relations antérieures avec la production
s'accompagnaient de préjugés et d'opinions anciens et
vénérables

پیداوار کے ساتھ سابقہ تعلقات قدیم اور قابل احترام تعصبات اور آراء
کے ساتھ آئے تھے۔

Mais toutes ces relations figées et figées sont balayées d'un
revers de main

لیکن یہ تمام طے شدہ، تیزی سے منجمد ہونے والے تعلقات بہہ گئے
ہیں۔

Toutes les relations nouvellement formées deviennent
archaïques avant de pouvoir s'ossifier

تمام نئے تشکیل شدہ تعلقات اس سے پہلے ہی پرانے ہو جاتے ہیں کہ
وہ ختم ہو جائیں۔

Tout ce qui est solide se fond dans l'air, et tout ce qui est
saint est profané

جو کچھ ٹھوس ہے وہ ہوا میں پگھل جاتا ہے، اور جو کچھ مقدس ہے
وہ ناپاک ہو جاتا ہے

L'homme est enfin forcé de faire face, avec des sens sobres, à
ses conditions réelles de vie

انسان آخر کار اپنی زندگی کے حقیقی حالات، پرسکون حواس کا سامنا
کرنے پر مجبور ہے

et il est obligé de faire face à ses relations avec les siens

اور وہ اپنی قسم کے ساتھ اپنے تعلقات کا سامنا کرنے پر مجبور ہے

La bourgeoisie a constamment besoin d'élargir ses marchés
pour ses produits

بورژوازی کو مسلسل اپنی مصنوعات کے لئے اپنی منڈیوں کو وسعت دینے کی ضرورت ہے

et, à cause de cela, la bourgeoisie est poursuivie sur toute la surface du globe

اور، اس کی وجہ سے، بورژوازی کو دنیا کی پوری سطح پر پیچھا کیا جاتا ہے.

La bourgeoisie doit se nicher partout, s'installer partout, établir des liens partout

بورژوازی کو ہر جگہ آباد ہونا چاہیے، ہر جگہ آباد ہونا چاہیے، ہر جگہ رابطے قائم کرنے چاہئیں۔

La bourgeoisie doit créer des marchés dans tous les coins du monde pour exploiter

بورژوازی کو استحصال کے لئے دنیا کے ہر کونے میں بازار بنانا ہوں گے

La production et la consommation dans tous les pays ont reçu un caractère cosmopolite

ہر ملک میں پیداوار اور کھپت کو ایک عالمگیر کردار دیا گیا ہے۔

le chagrin des réactionnaires est palpable, mais il s'est poursuivi malgré tout

رجعت پسندوں کا غصہ واضح ہے، لیکن اس کی پرواہ کیے بغیر یہ جاری رہا ہے۔

La bourgeoisie a tiré de dessous les pieds de l'industrie le terrain national sur lequel elle se trouvait

بورژوازی نے صنعت کے پیروں تلے سے وہ قومی زمین کھینچ لی ہے جس پر وہ کھڑی تھی۔

Toutes les anciennes industries nationales ont été détruites, ou sont détruites chaque jour

تمام پرانی قائم قومی صنعتیں تباہ ہو چکی ہیں، یا روزانہ تباہ ہو رہی ہیں

Toutes les anciennes industries nationales sont délogées par de nouvelles industries

تمام پرانی قائم شدہ قومی صنعتیں نئی صنعتوں کے ذریعہ ختم ہو جاتی ہیں۔

Leur introduction devient une question de vie ou de mort pour toutes les nations civilisées

ان کا تعارف تمام مہذب قوموں کے لئے زندگی اور موت کا سوال بن
جاتا ہے۔

Ils sont délogés par les industries qui ne travaillent plus la
matière première indigène

انہیں ان صنعتوں کی وجہ سے بے دخل کر دیا جاتا ہے جو اب دیسی
خام مال پر کام نہیں کرتی ہیں۔

Au lieu de cela, ces industries extraient des matières
premières des zones les plus reculées

اس کے بجائے، یہ صنعتیں دور دراز علاقوں سے خام مال کھینچتی
ہیں

dont les produits sont consommés, non seulement chez
nous, mais dans tous les coins du monde

ایسی صنعتیں جن کی مصنوعات نہ صرف گھر پر بلکہ دنیا کے ہر
چوتھائی میں استعمال کی جاتی ہیں۔

À la place des anciens besoins, satisfaits par les productions
du pays, nous trouvons de nouveaux besoins

پرانی خواہشات کی جگہ، ملک کی پیداوار سے مطمئن، ہم نئی
ضروریات تلاش کرتے ہیں

Ces nouveaux besoins exigent pour leur satisfaction les
produits des pays et des climats lointains

ان نئی خواہشات کو ان کی تسکین کے لئے دور دراز کے علاقوں اور
گلیوں کی مصنوعات کی ضرورت ہوتی ہے۔

À la place de l'ancien isolement et de l'autosuffisance locaux
et nationaux, nous avons le commerce

پرانی مقامی اور قومی تنہائی اور خود کفالت کی جگہ ہمارے پاس
تجارت ہے۔

les échanges internationaux dans toutes les directions ;
l'interdépendance universelle des nations

ہر سمت میں بین الاقوامی تبادلہ؛ قوموں کا عالمگیر انحصار

Et de même que nous sommes dépendants des matériaux,
nous sommes dépendants de la production intellectuelle

اور جس طرح ہم مواد پر انحصار کرتے ہیں، اسی طرح ہم فکری
پیداوار پر منحصر ہیں۔

Les créations intellectuelles des nations individuelles
deviennent la propriété commune

انفرادی قوموں کی فکری تخلیقات مشترکہ ملکیت بن جاتی ہیں۔

L'unilatéralité nationale et l'étroitesse d'esprit deviennent
de plus en plus impossibles

قومی یک طرفہ اور تنگ نظری زیادہ سے زیادہ ناممکن ہوتی جا رہی
ہے۔

et des nombreuses littératures nationales et locales, surgit
une littérature mondiale

اور بے شمار قومی اور مقامی ادب سے ایک عالمی ادب پیدا ہوتا ہے۔

par l'amélioration rapide de tous les instruments de
production

پیداوار کے تمام آلات کی تیزی سے بہتری کے ذریعہ

par les moyens de communication immensément facilités

مواصلات کے انتہائی آسان ذرائع کے ذریعہ

La bourgeoisie entraîne tout le monde (même les nations les
plus barbares) dans la civilisation

بورژوازی تمام)یہاں تک کہ سب سے زیادہ وحشی قوموں (کو تہذیب
کی طرف راغب کرتی ہے

Les prix bon marché de ses marchandises ; l'artillerie lourde
qui abat toutes les murailles chinoises

اس کی اجناس کی سستی قیمتیں؛ بھاری توپ خانے جو تمام چینی
دیواروں کو منہدم کرتے ہیں

La haine obstinée des barbares contre les étrangers est forcée
de capituler

وحشیوں کی غیر ملکیوں سے شدید نفرت کو ہتھیار ڈالنے پر مجبور کیا
جاتا ہے

Elle oblige toutes les nations, sous peine d'extinction, à
adopter le mode de production bourgeois

یہ معدومیت کے درد سے دوچار تمام اقوام کو بورژوازی طرز پیداوار
اپنانے پر مجبور کرتا ہے۔

elle les oblige à introduire ce qu'elle appelle la civilisation
en leur sein

یہ انہیں مجبور کرتا ہے کہ وہ اپنے درمیان تہذیب کو متعارف کرائیں
جسے وہ تہذیب کہتا ہے۔

La bourgeoisie force les barbares à devenir eux-mêmes
bourgeois

بورژوازی وحشیوں کو خود بورژوازی بننے پر مجبور کرتی ہے

en un mot, la bourgeoisie crée un monde à son image

ایک لفظ میں، بورژوازی اپنی شبیہ کے بعد ایک دنیا تخلیق کرتا ہے

La bourgeoisie a soumis les campagnes à la domination des villes

بورژوازی نے دیہی علاقوں کو قصبوں کی حکمرانی کے تابع کر دیا ہے۔

Il a créé d'énormes villes et considérablement augmenté la population urbaine

اس نے بہت بڑے شہر بنائے ہیں اور شہری آبادی میں بہت زیادہ اضافہ کیا ہے۔

Il a sauvé une partie considérable de la population de l'idiotie de la vie rurale

اس نے آبادی کے ایک بڑے حصے کو دیہی زندگی کی بدحالی سے بچایا۔

mais elle a rendu les ruraux dépendants des villes

لیکن اس نے دیہی علاقوں کے لوگوں کو قصبوں پر منحصر کر دیا ہے۔

et de même, elle a rendu les pays barbares dépendants des pays civilisés

اور اسی طرح اس نے وحشی ممالک کو مہذب ممالک پر منحصر کر دیا ہے۔

nations paysannes sur nations bourgeoises, l'Orient sur Occident

بورژوازی کی قوموں پر کسانوں کی قومیں، مغرب پر مشرق

La bourgeoisie se débarrasse de plus en plus de l'éparpillement de la population

بورژوازی آبادی کی بکھری ہوئی حالت کو زیادہ سے زیادہ ختم کرتی ہے

Il a une production agglomérée et a concentré la propriété entre quelques mains

اس کی پیداوار میں اضافہ ہوا ہے ، اور اس نے چند ہاتھوں میں خصوصیات مرکوز کی ہیں۔

La conséquence nécessaire de cela a été la centralisation politique

اس کا لازمی نتیجہ سیاسی مرکزیت تھا۔

Il y avait eu des nations indépendantes et des provinces vaguement reliées entre elles

آزاد قومیں تھیں اور صوبے آپس میں جڑے ہوئے تھے۔

Ils avaient des intérêts, des lois, des gouvernements et des systèmes d'imposition distincts

ان کے الگ الگ مفادات، قوانین، حکومتیں اور ٹیکس وں کا نظام تھا۔

Mais ils ont été regroupés en une seule nation, avec un seul gouvernement

لیکن وہ ایک قوم میں ضم ہو گئے ہیں، ایک ہی حکومت کے ساتھ

Ils ont maintenant un intérêt de classe national, une frontière et un tarif douanier

اب ان کے پاس ایک قومی طبقاتی مفاد، ایک فرنٹیئر اور ایک کسٹم ٹیرف ہے۔

Et cet intérêt de classe national est unifié sous un seul code de loi

اور یہ قومی طبقاتی مفاد ایک ضابطہ قانون کے تحت متحد ہے۔

la bourgeoisie a accompli beaucoup de choses au cours de son règne d'à peine cent ans

بورژوازی نے اپنے سو سال کے دور حکومت میں بہت کچھ حاصل کیا ہے۔

forces productives plus massives et plus colossales que toutes les générations précédentes réunies

پچھلی تمام نسلوں کے مقابلے میں زیادہ بڑی اور زبردست پیداواری قوتیں

Les forces de la nature sont soumises à la volonté de l'homme et de ses machines

قدرت کی قوتیں انسان اور اس کی مشینری کی مرضی کے تابع ہیں۔

La chimie s'applique à toutes les formes d'industrie et à tous les types d'agriculture

کیمیاء کا اطلاق صنعت کی تمام اقسام اور زراعت کی اقسام پر ہوتا ہے۔

la navigation à vapeur, les chemins de fer, les télégraphes électriques et l'imprimerie

بھاپ نیویگیشن، ریلوے، برقی ٹیلی گراف، اور پرنٹنگ پریس

défrichement de continents entiers pour la culture, canalisation des rivières

کاشت کاری کے لئے پورے براعظموں کو صاف کرنا، دریاؤں کی نہر بندی

Des populations entières ont été extirpées du sol et mises au travail

پوری آبادی کو زمین سے نکال کر کام پر لگا دیا گیا ہے۔

Quel siècle précédent avait ne serait-ce qu'un pressentiment de ce qui pourrait être déchaîné ?

پچھلی صدی میں کیا کچھ پیش کیا جا سکتا تھا؟

Qui aurait prédit que de telles forces productives sommeillaient dans le giron du travail social ?

کس نے پیش گوئی کی تھی کہ ایسی پیداواری قوتیں سماجی محنت کی گود میں سو رہی ہیں؟

Nous voyons donc que les moyens de production et d'échange ont été générés dans la société féodale

پھر ہم دیکھتے ہیں کہ جاگیردارانہ معاشرے میں پیداوار اور تبادلے کے ذرائع پیدا ہوئے۔

les moyens de production sur la base desquels la bourgeoisie s'est construite

پیداوار کے وہ ذرائع جن کی بنیاد پر بورژوازی نے خود کو قائم کیا

À un certain stade du développement de ces moyens de production et d'échange

پیداوار اور تبادلے کے ان ذرائع کی ترقی میں ایک خاص مرحلے پر

les conditions dans lesquelles la société féodale produisait et échangeait

وہ حالات جن کے تحت جاگیردارانہ معاشرے نے جنم لیا اور تبادلہ کیا۔

L'organisation féodale de l'agriculture et de l'industrie manufacturière

زراعت اور مینوفیکچرنگ کی صنعت کی جاگیردارانہ تنظیم

Les rapports féodaux de propriété n'étaient plus compatibles avec les conditions matérielles

جائیداد کے جاگیردارانہ تعلقات اب مادی حالات سے مطابقت نہیں رکھتے تھے۔

Ils devaient être brisés, alors ils ont été brisés

انہیں پھٹنا پڑا، اس لیے وہ پھٹ گئے۔

À leur place s'est ajoutée la libre concurrence des forces productives

ان کی جگہ پیداواری قوتوں سے آزادانہ مقابلہ کیا۔

et ils étaient accompagnés d'une constitution sociale et politique adaptée à celle-ci

اور ان کے ساتھ ایک سماجی اور سیاسی آئین بھی تھا جو اس کے مطابق بنایا گیا تھا۔

et elle s'accompagnait de l'emprise économique et politique de la classe bourgeoise

اور اس کے ساتھ بورژوازی طبقے کا معاشی اور سیاسی اثر و رسوخ بھی تھا۔

Un mouvement similaire est en train de se produire sous nos yeux

اسی طرح کی ایک تحریک ہماری اپنی آنکھوں کے سامنے چل رہی ہے

La société bourgeoise moderne avec ses rapports de production, d'échange et de propriété

جدید بورژوازی معاشرہ پیداوار، تبادلے اور جائیداد کے تعلقات کے ساتھ

une société qui a inventé des moyens de production et d'échange aussi gigantesques

ایک ایسا معاشرہ جس نے پیداوار اور تبادلے کے اتنے بڑے ذرائع پیدا کیے ہیں

C'est comme le sorcier qui a invoqué les puissances de l'au-delà

یہ اس جادوگر کی طرح ہے جس نے دنیا کی طاقتوں کو پکارا۔

Mais il n'est plus capable de contrôler ce qu'il a mis au monde

لیکن وہ اب اس بات کو کنٹرول کرنے کے قابل نہیں ہے کہ وہ دنیا میں کیا لایا ہے

Pendant de nombreuses décennies, l'histoire a été liée par un fil conducteur

پچھلی کئی دہائیوں سے تاریخ ایک مشترکہ دھاگے سے جڑی ہوئی تھی۔

L'histoire de l'industrie et du commerce n'a été que l'histoire des révoltes

صنعت و تجارت کی تاریخ صرف بغاوتوں کی تاریخ رہی ہے۔

Les révoltes des forces productives modernes contre les conditions modernes de production

پیداوار کے جدید حالات کے خلاف جدید پیداواری قوتوں کی بغاوتیں

Les révoltes des forces productives modernes contre les rapports de propriété

جائیداد کے تعلقات کے خلاف جدید پیداواری قوتوں کی بغاوتیں

ces rapports de propriété sont les conditions de l'existence de la bourgeoisie

یہ جائیداد کے تعلقات بورژوازی کے وجود کی شرائط ہیں۔

et l'existence de la bourgeoisie détermine les règles des rapports de propriété

اور بورژوازی کا وجود جائیداد کے تعلقات کے قواعد کا تعین کرتا ہے

Il suffit de mentionner le retour périodique des crises commerciales

تجارتی بحرانوں کی وقتا فوقتا واپسی کا ذکر کرنا کافی ہے

chaque crise commerciale est plus menaçante pour la société bourgeoise que la précédente

ہر تجارتی بحران بورژوازی معاشرے کے لئے پچھلے کے مقابلے میں زیادہ خطرہ ہے

Dans ces crises, une grande partie des produits existants sont détruits

ان بحرانوں میں موجودہ مصنوعات کا ایک بڑا حصہ تباہ ہو جاتا ہے۔

Mais ces crises détruisent aussi les forces productives créées précédemment

لیکن یہ بحران پہلے سے پیدا ہونے والی پیداواری قوتوں کو بھی تباہ کر دیتے ہیں۔

Dans toutes les époques antérieures, ces épidémies auraient semblé une absurdité

پہلے کے تمام ادوار میں یہ وبائی امراض ایک مضحکہ خیز بات معلوم ہوتی تھیں۔

parce que ces épidémies sont les crises commerciales de la surproduction

کیونکہ یہ وبائی امراض زیادہ پیداوار کے تجارتی بحران ہیں۔

La société se trouve soudain remise dans un état de barbarie momentanée

معاشرہ اچانک خود کو عارضی بربریت کی حالت میں واپس پاتا ہے

comme si une guerre universelle de dévastation avait coupé tous les moyens de subsistance

گویا تباہی کی عالمگیر جنگ نے گزر بسر کے تمام ذرائع کو منقطع کر دیا ہو۔

l'industrie et le commerce semblent avoir été détruits ; Et pourquoi ?

ایسا لگتا ہے کہ صنعت اور تجارت تباہ ہو چکے ہیں۔ اور کیوں؟

Parce qu'il y a trop de civilisation et de moyens de subsistance

کیونکہ وہاں بہت زیادہ تہذیب اور گزر بسر کے ذرائع موجود ہیں۔

et parce qu'il y a trop d'industrie et trop de commerce

اور کیونکہ وہاں بہت زیادہ صنعت ہے، اور بہت زیادہ تجارت ہے

Les forces productives à la disposition de la société ne développent plus la propriété bourgeoise

معاشرے کے زیر اثر پیداواری قوتیں اب بورژوازی کی ملکیت کو ترقی نہیں دیتی ہیں

au contraire, ils sont devenus trop puissants pour ces conditions, par lesquelles ils sont enchaînés

اس کے برعکس، وہ ان حالات کے لئے بہت طاقتور ہو گئے ہیں، جس کی وجہ سے وہ کمزور ہیں.

dès qu'ils surmontent ces entraves, ils mettent le désordre dans toute la société bourgeoise

جیسے ہی وہ ان فتنوں پر قابو پاتے ہیں، وہ پورے بورژوازی معاشرے میں بدنظمی لاتے ہیں۔

et les forces productives mettent en danger l'existence de la propriété bourgeoise

اور پیداواری قوتیں بورژوازی کی جائیداد کے وجود کو خطرے میں ڈالتی ہیں۔

Les conditions de la société bourgeoise sont trop étroites pour englober les richesses qu'elles créent

بورژوازی معاشرے کے حالات اتنے تنگ ہیں کہ ان کے ذریعہ پیدا کردہ دولت پر مشتمل نہیں ہیں۔

Et comment la bourgeoisie surmonte-t-elle ces crises ?

اور بورژوازی ان بحرانوں پر کیسے قابو پاتی ہے؟

D'une part, elle surmonte ces crises par la destruction forcée d'une masse de forces productives

ایک طرف، یہ پیداواری قوتوں کی ایک بڑی تعداد کی جبری تباہی کے ذریعے ان بحرانوں پر قابو پاتا ہے۔

D'autre part, elle surmonte ces crises par la conquête de nouveaux marchés

دوسری طرف ، یہ نئی منڈیوں کی فتح کے ذریعہ ان بحرانوں پر قابو پاتا ہے۔

et elle surmonte ces crises par l'exploitation plus poussée des anciennes forces productives

اور یہ پیداوار کی پرانی قوتوں کے زیادہ مکمل استحصال کے ذریعے ان بحرانوں پر قابو پاتا ہے۔

C'est-à-dire en ouvrant la voie à des crises plus étendues et plus destructrices

کہنے کا مطلب یہ ہے کہ زیادہ وسیع اور زیادہ تباہ کن بحرانوں کی راہ ہموار کرکے

elle surmonte la crise en diminuant les moyens de prévention des crises

یہ ان ذرائع کو کم کرکے بحران پر قابو پاتا ہے جن سے بحرانوں کو روکا جاتا ہے۔

Les armes avec lesquelles la bourgeoisie a abattu le féodalisme sont maintenant retournées contre elle-même

بورژوازی نے جن ہتھیاروں سے جاگیرداری کو زمین پر گرایا وہ اب اپنے خلاف ہو چکے ہیں۔

Mais non seulement la bourgeoisie a-t-elle forgé les armes qui lui apportent la mort

لیکن بورژوازی نے نہ صرف ایسے ہتھیار تیار کیے ہیں جو خود موت کا باعث بنتے ہیں۔

Il a également appelé à l'existence les hommes qui doivent manier ces armes

اس نے ان لوگوں کو بھی وجود میں لایا ہے جو ان ہتھیاروں کو چلانے والے ہیں

Et ces hommes sont la classe ouvrière moderne ; Ce sont les prolétaires

اور یہ لوگ جدید محنت کش طبقہ ہیں۔ وہ پرولتاریہ ہیں

À mesure que la bourgeoisie se développe, le prolétariat se développe dans la même proportion

جس تناسب سے بورژوازی کی ترقی ہوئی، اسی تناسب سے پرولتاریہ ترقی یافتہ ہے۔

La classe ouvrière moderne a développé une classe d'ouvriers

جدید محنت کش طبقے نے مزدوروں کا ایک طبقہ تیار کیا۔

Cette classe d'ouvriers ne vit que tant qu'elle trouve du travail

مزدوروں کا یہ طبقہ صرف اس وقت تک زندہ رہتا ہے جب تک انہیں کام مل جاتا ہے

et ils ne trouvent de travail qu'aussi longtemps que leur travail augmente le capital

اور انہیں صرف اس وقت تک کام ملتا ہے جب تک کہ ان کی محنت سے سرمائے میں اضافہ ہوتا ہے۔

Ces ouvriers, qui doivent se vendre à la pièce, sont une marchandise

یہ مزدور، جنہیں اپنے آپ کو کھانے کا ٹکڑا بیچنا پڑتا ہے، ایک اجناس ہیں

Ces ouvriers sont comme tous les autres articles de commerce

یہ مزدور تجارت کے ہر دوسرے مضمون کی طرح ہیں

et, par conséquent, ils sont exposés à toutes les vicissitudes de la concurrence

اور اس کے نتیجے میں وہ مسابقت کے تمام اتار چڑھاؤ کا سامنا کرتے ہیں۔

Ils doivent faire face à toutes les fluctuations du marché

انہیں مارکیٹ کے تمام اتار چڑھاؤ کا سامنا کرنا پڑتا ہے

En raison de l'utilisation intensive des machines et de la division du travail

مشینری کے وسیع استعمال اور مزدوروں کی تقسیم کی وجہ سے

Le travail des prolétaires a perdu tout caractère individuel

پرولتاریوں کا کام تمام انفرادی کردار کھو چکا ہے

et, par conséquent, le travail des prolétaires a perdu tout charme pour l'ouvrier

اور نتیجتاً، محنت کشوں کا کام مزدور کے لیے تمام کشش کھو چکا ہے۔

Il devient un appendice de la machine, plutôt que l'homme qu'il était autrefois

وہ مشین کا ایک حصہ بن جاتا ہے، بجائے اس کے کہ وہ پہلے تھا

On n'exige de lui que l'habileté la plus simple, la plus
monotone et la plus facile à acquérir

اس کے لئے صرف سب سے زیادہ سادہ، یکساں، اور سب سے زیادہ
آسانی سے حاصل کردہ ہنر کی ضرورت ہے

Par conséquent, le coût de production d'un ouvrier est limité

لہذا، ایک مزدور کی پیداوار کی لاگت محدود ہے.

elle se limite presque entièrement aux moyens de
subsistance dont il a besoin pour son entretien

یہ تقریبا مکمل طور پر گزر بسر کے ذرائع تک محدود ہے جو اسے
اپنی دیکھ بھال کے لئے درکار ہے۔

et elle est limitée aux moyens de subsistance dont il a besoin
pour la propagation de sa race

اور یہ رزق کے ذرائع تک محدود ہے جو اسے اپنی نسل کی تبلیغ کے
لئے درکار ہیں۔

Mais le prix d'une marchandise, et par conséquent aussi du
travail, est égal à son coût de production

لیکن کسی شے کی قیمت، اور اس لئے محنت کی قیمت بھی، اس کی
پیداواری لاگت کے برابر ہے۔

C'est pourquoi, à mesure que le travail répugnant augmente,
le salaire diminue

لہذا، اس تناسب سے، جیسے جیسے کام کی نفرت بڑھتی ہے، اجرت
کم ہوتی جاتی ہے۔

Bien plus, le caractère répugnant de son travail augmente à
un rythme encore plus grand

نہیں، اس کے کام کی نفرت اس سے بھی زیادہ شرح سے بڑھتی ہے۔

À mesure que l'utilisation des machines et la division du
travail augmentent, le fardeau du labeur augmente
également

جیسے جیسے مشینری کا استعمال اور مزدوروں کی تقسیم میں اضافہ
ہوتا جاتا ہے، اسی طرح محنت کا بوجھ بھی بڑھتا جاتا ہے۔

La charge de travail est augmentée par la prolongation du
temps de travail

کام کے اوقات میں اضافے سے محنت کا بوجھ بڑھ جاتا ہے

On attend plus de l'ouvrier dans le même temps
qu'auparavant

مزدور سے پہلے کی طرح ایک ہی وقت میں مزید توقع کی جاتی ہے

Et bien sûr, le poids du labeur est augmenté par la vitesse de la machine

اور یقیناً مشینری کی رفتار سے محنت کا بوجھ بڑھ جاتا ہے

L'industrie moderne a transformé le petit atelier du maître patriarcal en la grande usine du capitaliste industriel

جدید صنعت نے پدرشاہی آقا کی چھوٹی سی ورکشاپ کو صنعتی سرمایہ دار کی عظیم فیکٹری میں تبدیل کر دیا ہے

Des masses d'ouvriers, entassés dans l'usine, s'organisent comme des soldats

فیکٹری میں بھیڑ بھاڑ والے مزدوروں کی بڑی تعداد سپاہیوں کی طرح منظم ہے

En tant que simples soldats de l'armée industrielle, ils sont placés sous le commandement d'une hiérarchie parfaite d'officiers et de sergents

صنعتی فوج کے نجی افراد کی حیثیت سے انہیں افسران اور سارجنٹوں کی ایک کامل درجہ بندی کی کمان کے تحت رکھا جاتا ہے۔

ils ne sont pas seulement les esclaves de la classe bourgeoise et de l'État

وہ نہ صرف بورژوازی طبقے اور ریاست کے غلام ہیں۔

Mais ils sont aussi asservis quotidiennement et d'heure en heure par la machine

لیکن وہ بھی روزانہ اور گھنٹے مشین کے غلام ہیں

ils sont asservis par le surveillant, et surtout par le fabricant bourgeois lui-même

انہیں ضرورت سے زیادہ دیکھنے والے نے غلام بنا لیا ہے، اور سب سے بڑھ کر، انفرادی بورژوازی کارخانہ دار نے خود انہیں غلام بنا لیا ہے۔

Plus ce despotisme proclame ouvertement que le gain est sa fin et son but, plus il est mesquin, plus haïssable et plus aigri

یہ آمریت جتنی زیادہ کھلے عام فائدے کو اپنے انجام اور مقصد کے طور پر پیش کرتی ہے، اتنی ہی چھوٹی، اتنی ہی نفرت انگیز اور اتنی ہی زیادہ نفرت انگیز ہوتی ہے۔

Plus l'industrie moderne se développe, moins les différences entre les sexes sont grandes

جتنی زیادہ جدید صنعت ترقی یافتہ ہوتی ہے ، صنفوں کے مابین اختلافات اتنے ہی کم ہوتے ہیں۔

Moins le travail manuel exige d'habileté et d'effort de force, plus le travail des hommes est supplanté par celui des femmes

،دستی مشقت میں جتنی کم مہارت اور طاقت کی مشقت ہوتی ہے مردوں کی محنت عورتوں کی محنت سے زیادہ ہوتی ہے۔

Les différences d'âge et de sexe n'ont plus de validité sociale distincte pour la classe ouvrière

عمر اور جنس کے فرق کی اب محنت کش طبقے کے لئے کوئی مخصوص سماجی حیثیت نہیں ہے۔

Tous sont des instruments de travail, plus ou moins coûteux à utiliser, selon leur âge et leur sexe

یہ سب مزدوری کے آلات ہیں، ان کی عمر اور جنس کے مطابق استعمال کرنا کم و بیش مہنگا ہے۔

dès que l'ouvrier reçoit son salaire en espèces, il est attaqué par les autres parties de la bourgeoisie

جیسے ہی مزدور کو اس کی اجرت نقد میں ملتی ہے، بورژوازی کے دوسرے حصوں کی طرف سے اس پر دباؤ ڈالا جاتا ہے۔

le propriétaire, le commerçant, le prêteur sur gages, etc

مالک مکان، دکاندار، مہرہ فروش وغیرہ

Les couches inférieures de la classe moyenne ; les petits commerçants et les commerçants

متوسط طبقے کا نچلا طبقہ۔ چھوٹے تاجر لوگ اور دکاندار

les commerçants retraités en général, et les artisans et les paysans

عام طور پر ریٹائرڈ تاجر، اور دستکاری اور کسان

tout cela s'enfonce peu à peu dans le prolétariat

یہ سب آہستہ آہستہ پرولتاریہ میں ڈوب جاتے ہیں

en partie parce que leur petit capital ne suffit pas à l'échelle sur laquelle l'industrie moderne est exercée

جزوی طور پر اس لئے کہ ان کا کم سرمایہ اس پیمانے کے لئے کافی نہیں ہے جس پر جدید صنعت چل رہی ہے۔

et parce qu'elle est submergée par la concurrence avec les grands capitalistes

اور کیونکہ یہ بڑے سرمایہ داروں کے ساتھ مسابقت میں ڈوبی ہوئی
ہے۔

en partie parce que leur savoir-faire spécialisé est rendu sans valeur par les nouvelles méthodes de production

جزوی طور پر کیونکہ پیداوار کے نئے طریقوں سے ان کی خصوصی
مہارت بیکار ہو جاتی ہے۔

Ainsi le prolétariat se recrute dans toutes les classes de la population

اس طرح پرولتاریہ کو آبادی کے تمام طبقوں سے بھرتی کیا جاتا ہے۔

Le prolétariat passe par différents stades de développement

پرولتاریہ ترقی کے مختلف مراحل سے گزرتا ہے

Avec sa naissance commence sa lutte contre la bourgeoisie

اس کی پیدائش کے ساتھ ہی بورژوازی کے ساتھ اس کی جدوجہد
شروع ہوتی ہے

Dans un premier temps, la lutte est menée par des ouvriers individuels

سب سے پہلے مقابلہ انفرادی مزدوروں کے ذریعہ کیا جاتا ہے

Ensuite, le concours est mené par les ouvriers d'une usine

پھر مقابلہ ایک فیکٹری کے مزدوروں کے ذریعہ کیا جاتا ہے

Ensuite, la lutte est menée par les agents d'un métier, dans une localité

پھر مقابلہ ایک علاقے میں ایک تجارت کے کارندوں کے ذریعہ کیا
جاتا ہے۔

et la lutte est alors contre la bourgeoisie individuelle qui les exploite directement

اور پھر مقابلہ انفرادی بورژوازی کے خلاف ہے جو براہ راست ان کا
استحصال کرتا ہے۔

Ils ne dirigent pas leurs attaques contre les conditions de production de la bourgeoisie

وہ اپنے حملوں کی ہدایت بورژوازی کے پیداواری حالات کے خلاف
نہیں کرتے ہیں۔

mais ils dirigent leur attaque contre les instruments de production eux-mêmes

لیکن وہ اپنا حملہ خود پیداوار کے آلات کے خلاف کرتے ہیں

Ils détruisent les marchandises importées qui font concurrence à leur main-d'œuvre

وہ درآمد شدہ سامان کو تباہ کرتے ہیں جو ان کی محنت سے مقابلہ کرتے ہیں

Ils brisent les machines et mettent le feu aux usines

وہ مشینری کو توڑ تے ہیں اور فیکٹریوں کو آگ لگا دیتے ہیں۔

ils cherchent à restaurer par la force le statut disparu de l'ouvrier du Moyen Âge

وہ قرون وسطیٰ کے مزدور کی غائب شدہ حیثیت کو طاقت کے ذریعے بحال کرنا چاہتے ہیں۔

À ce stade, les ouvriers forment encore une masse incohérente dispersée dans tout le pays

اس مرحلے پر مزدور اب بھی پورے ملک میں بکھرے ہوئے ایک غیر مربوط گروہ کی تشکیل کرتے ہیں۔

et ils sont brisés par leur concurrence mutuelle

اور وہ اپنے باہمی مسابقت سے ٹوٹ جاتے ہیں

S'ils s'unissent quelque part pour former des corps plus compacts, ce n'est pas encore la conséquence de leur propre union active

اگر کہیں بھی وہ زیادہ کمپیکٹ باڈیز بنانے کے لئے متحد ہوتے ہیں تو یہ ابھی تک ان کے اپنے فعال اتحاد کا نتیجہ نہیں ہے۔ ،

mais c'est une conséquence de l'union de la bourgeoisie, d'atteindre ses propres fins politiques

لیکن یہ بورژوازی کے اتحاد کا نتیجہ ہے، اپنے سیاسی مقاصد کو حاصل کرنے کے لئے

la bourgeoisie est obligée de mettre en mouvement tout le prolétariat

بورژوازی پورے پرولتاریہ کو حرکت میں لانے پر مجبور ہے

et d'ailleurs, pour un temps, la bourgeoisie est capable de le faire

اور اس کے علاوہ، کچھ وقت کے لئے، بورژوازی ایسا کرنے کے قابل ہے

À ce stade, les prolétaires ne combattent donc pas leurs ennemis

لہٰذا اس مرحلے پر پرولتاریہ اپنے دشمنوں سے نہیں لڑتے۔

mais au lieu de cela, ils combattent les ennemis de leurs ennemis

لیکن اس کے بجائے وہ اپنے دشمنوں کے دشمنوں سے لڑ رہے ہیں۔

La lutte contre les vestiges de la monarchie absolue et les propriétaires terriens

مطلق بادشاہت کی باقیات اور زمینداروں کے خلاف لڑائی

ils combattent la bourgeoisie non industrielle ; la petite bourgeoisie

وہ غیر صنعتی بورژوازی سے لڑتے ہیں۔ چھوٹی بورژوازی

Ainsi tout le mouvement historique est concentré entre les mains de la bourgeoisie

اس طرح پوری تاریخی تحریک بورژوازی کے ہاتھوں میں مرکوز ہے۔

chaque victoire ainsi obtenue est une victoire pour la bourgeoisie

اس طرح حاصل ہونے والی ہر فتح بورژوازی کی فتح ہے۔

Mais avec le développement de l'industrie, le prolétariat ne se contente pas d'augmenter en nombre

لیکن صنعت کی ترقی کے ساتھ پرولتاریہ نہ صرف تعداد میں اضافہ کرتا ہے

le prolétariat se concentre en masses plus grandes et sa force s'accroît

پرولتاریہ زیادہ سے زیادہ عوام میں مرتکز ہو جاتا ہے اور اس کی طاقت میں اضافہ ہوتا ہے۔

et le prolétariat ressent de plus en plus cette force

اور پرولتاریہ اس طاقت کو زیادہ سے زیادہ محسوس کرتا ہے

Les divers intérêts et conditions de vie dans les rangs du prolétariat sont de plus en plus égalisés

پرولتاریہ کی صفوں میں زندگی کے مختلف مفادات اور حالات زیادہ سے زیادہ مساوی ہیں۔

elles deviennent plus proportionnelles à mesure que les machines effacent toutes les distinctions de travail

وہ زیادہ تناسب میں ہو جاتے ہیں کیونکہ مشینری مزدوروں کے تمام امتیازات کو ختم کر دیتی ہے۔

et les machines réduisent presque partout les salaires au même bas niveau

اور مشینری تقریبا ہر جگہ اجرت کو اسی نچلی سطح تک کم کر دیتی ہے

La concurrence croissante entre la bourgeoisie et les crises commerciales qui en résultent rendent les salaires des ouvriers de plus en plus fluctuants

بورژوازی کے درمیان بڑھتا ہوا مسابقت اور اس کے نتیجے میں پیدا ہونے والے تجارتی بحران مزدوروں کی اجرتوں میں مزید اتار چڑھاؤ پیدا کرتے ہیں۔

L'amélioration incessante des machines, qui se développe de plus en plus rapidement, rend leurs moyens d'existence de plus en plus précaires

مشینری کی مسلسل بہتری، جو تیزی سے ترقی کر رہی ہے، ان کے ذریعہ معاش کو زیادہ سے زیادہ غیر یقینی بناتی ہے۔

les collisions entre les ouvriers individuels et la bourgeoisie individuelle prennent de plus en plus le caractère de collisions entre deux classes

انفرادی محنت کشوں اور انفرادی بورژوازی کے درمیان ٹکراؤ دو طبقوں کے درمیان ٹکراؤ کی نوعیت کو زیادہ سے زیادہ اختیار کرتا ہے۔

Là-dessus, les ouvriers commencent à former des associations (syndicats) contre la bourgeoisie

اس کے بعد مزدور بورژوازی کے خلاف اتحاد (ٹریڈ یونین)تشکیل دینا شروع کر دیتے ہیں۔

Ils s'associent pour maintenir le taux des salaires

وہ اجرتوں کی شرح کو برقرار رکھنے کے لئے ایک ساتھ مل جاتے ہیں

Ils fondèrent des associations permanentes afin de pourvoir à l'avance à ces révoltes occasionnelles

انہوں نے مستقل انجمنیں تلاش کیں تاکہ کبھی کبھار ہونے والی ان بغاوتوں کے لئے پہلے سے انتظام کیا جا سکے۔

Ici et là, la lutte éclate en émeutes

یہاں اور وہاں مقابلہ فسادات میں بدل جاتا ہے

De temps en temps, les ouvriers sont victorieux, mais seulement pour un temps

کبھی کبھی مزدور فاتح ہوتے ہیں، لیکن صرف ایک وقت کے لئے

Le vrai fruit de leurs luttes n'est pas dans le résultat immédiat, mais dans l'union toujours plus grande des travailleurs

ان کی لڑائیوں کا اصل نتیجہ فوری نتائج میں نہیں بلکہ مزدوروں کی بڑھتی ہوئی یونین میں ہے۔

Cette union est favorisée par les moyens de communication améliorés créés par l'industrie moderne

اس یونین کو مواصلات کے بہتر ذرائع سے مدد ملتی ہے جو جدید صنعت کے ذریعہ تخلیق کیے جاتے ہیں۔

La communication moderne met en contact les travailleurs de différentes localités les uns avec les autres

جدید مواصلات مختلف علاقوں کے کارکنوں کو ایک دوسرے کے ساتھ رابطے میں رکھتا ہے

C'était précisément ce contact qui était nécessaire pour centraliser les nombreuses luttes locales en une lutte nationale entre les classes

یہ صرف یہی رابطہ تھا جس کی ضرورت تھی تاکہ متعدد مقامی جدوجہد کو طبقات کے درمیان ایک قومی جدوجہد میں مرکزیت دی جا سکے۔

Toutes ces luttes sont du même caractère, et toute lutte de classe est une lutte politique

یہ تمام جدوجہد ایک ہی نوعیت کی ہیں اور ہر طبقاتی جدوجہد ایک سیاسی جدوجہد ہے۔

les bourgeois du moyen âge, avec leurs misérables routes, mettaient des siècles à former leurs syndicats

قرون وسطیٰ کے برگروں کو اپنی خستہ حال شاہراہوں کی وجہ سے اپنی یونینیں بنانے کے لیے صدیوں درکار تھیں۔

Les prolétaires modernes, grâce aux chemins de fer, réalisent leurs syndicats en quelques années

ریلوے کی بدولت جدید پرولتاریہ چند سالوں میں اپنی یونین حاصل کر لیتے ہیں۔

Cette organisation des prolétaires en classe les a donc formés en parti politique

پرولتاریہ کی اس تنظیم نے ایک طبقے میں تبدیل کر دیا جس کے نتیجے میں وہ ایک سیاسی جماعت بن گئے۔

La classe politique est continuellement bouleversée par la concurrence entre les travailleurs eux-mêmes

خود مزدوروں کے درمیان مسابقت سے سیاسی طبقہ مسلسل پریشان ہو رہا ہے۔

Mais la classe politique continue de se soulever, plus forte, plus ferme, plus puissante

،لیکن سیاسی طبقہ ایک بار پھر ابھر رہا ہے، مضبوط، مضبوط طاقتور۔

Elle oblige la législation à reconnaître les intérêts particuliers des travailleurs

یہ مزدوروں کے مخصوص مفادات کو قانون سازی کی تسلیم کرنے پر مجبور کرتا ہے

il le fait en profitant des divisions au sein de la bourgeoisie elle-même

یہ خود بورژوازی کے درمیان تقسیم کا فائدہ اٹھاتے ہوئے ایسا کرتا ہے

C'est ainsi qu'en Angleterre fut promulguée la loi sur les dix heures

اس طرح انگلستان میں دس گھنٹے کا بل قانون کی شکل اختیار کر گیا۔

à bien des égards, les collisions entre les classes de l'ancienne société sont en outre le cours du développement du prolétariat

کئی طرح سے پرانے معاشرے کے طبقات کے درمیان ٹکراؤ پرولتاریہ کی ترقی کا راستہ ہے۔

La bourgeoisie se trouve engagée dans une bataille de tous les instants

بورژوازی خود کو ایک مستقل جنگ میں ملوث پاتی ہے

Dans un premier temps, il se trouvera impliqué dans une bataille constante avec l'aristocratie

سب سے پہلے یہ خود کو اشرافیہ کے ساتھ مستقل جنگ میں ملوث پائے گا۔

plus tard, elle se trouvera engagée dans une lutte constante avec ces parties de la bourgeoisie elle-même

بعد میں یہ خود کو بورژوازی کے ان حصوں کے ساتھ مستقل جنگ میں ملوث پائے گا۔

et leurs intérêts seront devenus antagonistes au progrès de l'industrie

اور ان کے مفادات صنعت کی ترقی کے مخالف بن گئے ہوں گے۔

à tout moment, leurs intérêts seront devenus antagonistes avec la bourgeoisie des pays étrangers

ہر وقت، ان کے مفادات بیرونی ممالک کی بورژوازی کے ساتھ مخالف
ہو جائیں گے.

Dans toutes ces batailles, elle se voit obligée de faire appel
au prolétariat et lui demande son aide

ان تمام لڑائیوں میں وہ خود کو پرولتاریہ سے اپیل کرنے پر مجبور
دیکھتا ہے، اور اس سے مدد مانگتا ہے۔

Et ainsi, il se sentira obligé de l'entraîner dans l'arène
politique

اور اس طرح وہ اسے سیاسی میدان میں گھسیٹنے پر مجبور ہو جائے
گی۔

C'est pourquoi la bourgeoisie elle-même fournit au
prolétariat ses propres instruments d'éducation politique et
générale

لہٰذا بورژوازی خود پرولتاریہ کو سیاسی اور عمومی تعلیم کے اپنے
آلات فراہم کرتی ہے۔

c'est-à-dire qu'il fournit au prolétariat des armes pour
combattre la bourgeoisie

دوسرے لفظوں میں، یہ پرولتاریہ کو بورژوازی سے لڑنے کے لئے
ہتھیار فراہم کرتا ہے۔

De plus, comme nous l'avons déjà vu, des sections entières
des classes dominantes sont précipitées dans le prolétariat

مزید برآں، جیسا کہ ہم پہلے ہی دیکھ چکے ہیں، حکمران طبقوں کے
تمام طبقات پرولتاریہ میں شامل ہو چکے ہیں۔

le progrès de l'industrie les aspire dans le prolétariat

صنعت کی ترقی انہیں پرولتاریہ میں شامل کر دیتی ہے

ou, du moins, ils sont menacés dans leurs conditions
d'existence

یا، کم از کم، وہ اپنے وجود کے حالات میں خطرے میں ہیں

Ceux-ci fournissent également au prolétariat de nouveaux
éléments d'illumination et de progrès

یہ پرولتاریہ کو روشن خیالی اور ترقی کے نئے عناصر بھی فراہم
کرتے ہیں۔

Enfin, à l'approche de l'heure décisive de la lutte des classes

آخر میں، ایسے وقت میں جب طبقاتی جدوجہد فیصلہ کن وقت کے
قریب ہے

le processus de dissolution en cours au sein de la classe dirigeante

حکمران طبقے کے اندر تحلیل کا عمل جاری ہے

En fait, la dissolution en cours au sein de la classe dirigeante se fera sentir dans toute la société

درحقیقت حکمران طبقے کے اندر جو تحلیل ہو رہی ہے وہ پورے معاشرے کے اندر محسوس کی جائے گی۔

Il prendra un caractère si violent et si flagrant qu'une petite partie de la classe dirigeante se laissera aller à la dérive

یہ ایک ایسا پرتشدد اور واضح کردار اختیار کرے گا کہ حکمران طبقے کا ایک چھوٹا سا حصہ خود کو منتشر کر لے گا۔

et que la classe dirigeante rejoindra la classe révolutionnaire

اور وہ حکمران طبقہ انقلابی طبقے میں شامل ہو جائے گا۔

La classe révolutionnaire étant la classe qui tient l'avenir entre ses mains

انقلابی طبقہ وہ طبقہ ہے جو مستقبل کو اپنے ہاتھوں میں رکھتا ہے۔

Comme à une époque antérieure, une partie de la noblesse passa dans la bourgeoisie

بالکل اسی طرح جیسے پہلے دور میں اشرافیہ کا ایک طبقہ بورژوازی کے حوالے ہو گیا تھا۔

de la même manière qu'une partie de la bourgeoisie passera au prolétariat

اسی طرح بورژوازی کا ایک حصہ پرولتاریہ کے پاس چلا جائے گا۔

en particulier, une partie de la bourgeoisie passera à une partie des idéologues de la bourgeoisie

خاص طور پر بورژوازی کا ایک حصہ بورژوازی نظریات کے ایک حصے کے حوالے ہو جائے گا۔

Des idéologues bourgeois qui se sont élevés au niveau de la compréhension théorique du mouvement historique dans son ensemble

بورژوازی نظریاتی ماہرین جنہوں نے اپنے آپ کو نظریاتی طور پر مجموعی طور پر تاریخی تحریک کو سمجھنے کی سطح تک پہنچا دیا ہے

De toutes les classes qui se trouvent aujourd'hui en face de la bourgeoisie, seule le prolétariat est une classe vraiment révolutionnaire

آج بورژوازی کے ساتھ آمنے سامنے کھڑے تمام طبقات میں سے صرف پرولتاریہ ہی ایک حقیقی انقلابی طبقہ ہے۔

Les autres classes se dégradent et finissent par disparaître devant l'industrie moderne

دیگر طبقات زوال پذیر ہیں اور آخر کار جدید صنعت کے سامنے غائب ہو جاتے ہیں۔

le prolétariat est son produit spécial et essentiel

پرولتاریہ اس کی خاص اور ضروری مصنوعات ہے

La petite bourgeoisie, le petit industriel, le commerçant, l'artisan, le paysan

نچلا متوسط طبقہ، چھوٹا کارخانہ دار، دکاندار، کاریگر، کسان

toutes ces luttes contre la bourgeoisie

یہ سب بورژوازی کے خلاف لڑائی

Ils se battent en tant que fractions de la classe moyenne pour se sauver de l'extinction

وہ خود کو معدومیت سے بچانے کے لئے متوسط طبقے کے حصوں کے طور پر لڑتے ہیں

Ils ne sont donc pas révolutionnaires, mais conservateurs

لہٰذا وہ انقلابی نہیں بلکہ قدامت پسند ہیں۔

Bien plus, ils sont réactionnaires, car ils essaient de faire reculer la roue de l'histoire

اس سے بھی بڑھ کر، وہ رجعت پسند ہیں، کیونکہ وہ تاریخ کے پہیے کو پلٹنے کی کوشش کرتے ہیں۔

Si par hasard ils sont révolutionnaires, ils ne le sont qu'en vue de leur transfert imminent dans le prolétariat

اگر اتفاق سے وہ انقلابی ہیں، تو وہ صرف پرولتاریہ میں ان کی آنے والی منتقلی کے پیش نظر ہیں۔

Ils défendent ainsi non pas leurs intérêts présents, mais leurs intérêts futurs

اس طرح وہ اپنے حال کا نہیں بلکہ اپنے مستقبل کے مفادات کا دفاع کرتے ہیں۔

ils désertent leur propre point de vue pour se placer à celui du prolétariat

وہ خود کو پرولتاریہ کے نقطہ نظر پر رکھنے کے لئے اپنا نقطہ نظر چھوڑ دیتے ہیں۔

La « classe dangereuse », la racaille sociale, cette masse en décomposition passive rejetée par les couches les plus basses de la vieille société

خطرناک طبقہ"، سماجی گندگی، جو پرانے معاشرے کی نچلی ترین"
پرتوں کے ذریعے غیر فعال طور پر سڑتے ہوئے بڑے پیمانے پر
پھینک دیا گیا ہے

Ils peuvent, ici et là, être entraînés dans le mouvement par une révolution prolétarienne

ہو سکتا ہے کہ وہ یہاں اور وہاں ایک پرولتاری انقلاب کے ذریعے
تحریک میں شامل ہو جائیں۔

Ses conditions de vie, cependant, le préparent beaucoup plus au rôle d'instrument soudoyé de l'intrigue réactionnaire

تاہم، اس کی زندگی کے حالات اسے رجعتی سازشوں کے رشوت کے
آلے کے کردار کے لئے کہیں زیادہ تیار کرتے ہیں۔

Dans les conditions du prolétariat, ceux de l'ancienne société dans son ensemble sont déjà virtuellement submergés

پرولتاریہ کے حالات میں، بڑے پیمانے پر پرانے معاشرے کے لوگ
پہلے ہی عملی طور پر دلدل میں ڈوبے ہوئے ہیں۔

Le prolétaire est sans propriété

پرولتاریہ جائیداد سے محروم ہے

ses rapports avec sa femme et ses enfants n'ont plus rien de commun avec les relations familiales de la bourgeoisie

اپنی بیوی اور بچوں کے ساتھ اس کے تعلقات میں بورژوازی کے
خاندانی تعلقات سے اب کوئی مماثلت نہیں ہے۔

le travail industriel moderne, la sujétion moderne au capital, la même en Angleterre qu'en France, en Amérique comme en Allemagne

جدید صنعتی مزدوری، سرمائے کے ماتحت، انگلینڈ میں فرانس کی
طرح، امریکہ میں جرمنی کی طرح

Sa condition dans la société l'a dépouillé de toute trace de caractère national

معاشرے میں ان کی حالت نے انہیں قومی کردار کے ہر نشان سے
محروم کر دیا ہے۔

La loi, la morale, la religion, sont pour lui autant de préjugés bourgeois

قانون، اخلاقیات، مذہب، ان کے نزدیک بورژوازی کے بہت سے
تعصبات ہیں۔

et derrière ces préjugés se cachent en embuscade autant d'intérêts bourgeois

اور ان تعصبات کے پیچھے بہت سے بورژوازی مفادات کی طرح
گھات لگانا بھی پوشیدہ ہے۔

Toutes les classes précédentes, qui ont pris le dessus, ont cherché à fortifier leur statut déjà acquis

پچھلی تمام کلاسیں جنہیں بالادستی حاصل تھی، نے اپنی پہلے سے
حاصل کردہ حیثیت کو مستحکم کرنے کی کوشش کی۔

Ils l'ont fait en soumettant la société dans son ensemble à leurs conditions d'appropriation

انہوں نے یہ کام معاشرے کو بڑے پیمانے پر اپنی تخصیص کی شرائط
کے تابع کرکے کیا۔

Les prolétaires ne peuvent pas devenir maîtres des forces productives de la société

پرولتاریہ معاشرے کی پیداواری قوتوں کے مالک نہیں بن سکتے

elle ne peut le faire qu'en abolissant son propre mode d'appropriation antérieur

یہ صرف اپنے سابقہ طریقہ کار کو ختم کرکے ہی ایسا کر سکتا ہے۔

et par là même elle abolit tout autre mode d'appropriation antérieur

اور اس طرح یہ تخصیص کے ہر دوسرے سابقہ طریقہ کار کو بھی
ختم کر دیتا ہے۔

Ils n'ont rien à eux pour s'assurer et se fortifier

ان کے پاس محفوظ کرنے اور مضبوط کرنے کے لئے کچھ بھی نہیں
ہے

Leur mission est de détruire toutes les sûretés antérieures et les assurances de biens individuels

ان کا مشن انفرادی جائیداد کے لئے سابقہ تمام سیکورٹیز اور انشورنس
کو تباہ کرنا ہے۔

Tous les mouvements historiques antérieurs étaient des mouvements de minorités

پچھلی تمام تاریخی تحریکیں اقلیتوں کی تحریکیں تھیں۔

ou bien il s'agissait de mouvements dans l'intérêt des minorités

یا وہ اقلیتوں کے مفاد میں تحریکیں تھیں۔

Le mouvement prolétarien est le mouvement conscient et indépendant de l'immense majorité

پرولتاریہ تحریک بے پناہ اکثریت کی خود ساختہ، آزاد تحریک ہے۔

Et c'est un mouvement dans l'intérêt de l'immense majorité

اور یہ ایک بڑی اکثریت کے مفاد میں ایک تحریک ہے

Le prolétariat, couche la plus basse de notre société actuelle

پرولتاریہ، ہمارے موجودہ معاشرے کا سب سے نچلا طبقہ

elle ne peut ni s'agiter ni s'élever sans que toutes les couches supérieures de la société officielle ne soient soulevées en l'air

یہ اس وقت تک خود کو ہلا نہیں سکتا اور نہ ہی خود کو بلند کر سکتا ہے جب تک کہ سرکاری معاشرے کے پورے اعلیٰ سطحی طبقے کو ہوا میں نہ اڑایا جائے۔

Loin d'être dans le fond, mais dans la forme, la lutte du prolétariat contre la bourgeoisie est d'abord une lutte nationale

اگرچہ حقیقت میں نہیں، لیکن شکل میں، بورژوازی کے ساتھ پرولتاریہ کی جدوجہد سب سے پہلے ایک قومی جدوجہد ہے۔

Le prolétariat de chaque pays doit, bien entendu, régler d'abord ses affaires avec sa propre bourgeoisie

یقیناً ہر ملک کے پرولتاریہ کو سب سے پہلے اپنے بورژوازی کے ساتھ معاملات طے کرنے ہوں گے۔

En décrivant les phases les plus générales du développement du prolétariat, nous avons retracé la guerre civile plus ou moins voilée

پرولتاریہ کی ترقی کے سب سے عام مراحل کی عکاسی کرتے ہوئے، ہم نے کم و بیش پردے والی خانہ جنگی کا سراغ لگایا۔

Ce civil fait rage au sein de la société existante

موجودہ معاشرے کے اندر یہ تہذیب سراپا احتجاج ہے

Elle fera rage jusqu'au point où cette guerre éclatera en révolution ouverte

یہ اس حد تک بھڑک اٹھے گا کہ یہ جنگ کھلے انقلاب کی شکل اختیار کر لے گی۔

et alors le renversement violent de la bourgeoisie jette les bases de l'emprise du prolétariat

اور پھر بورژوازی کا پرتشدد تختہ الٹنے سے پرولتاریہ کے غلبے کی بنیاد رکھی گئی۔

Jusqu'à présent, toute forme de société a été fondée, comme nous l'avons déjà vu, sur l'antagonisme des classes oppressives et opprimées

اب تک معاشرے کی ہر شکل کی بنیاد، جیسا کہ ہم پہلے ہی دیکھ چکے ہیں، مظلوم اور محکوم طبقات کی دشمنی پر مبنی ہے۔

Mais pour opprimer une classe, il faut lui assurer certaines conditions

لیکن کسی طبقے پر ظلم کرنے کے لیے اس کے لیے کچھ شرائط کو یقینی بنانا ضروری ہے۔

La classe doit être maintenue dans des conditions dans lesquelles elle peut, au moins, continuer son existence servile

اس طبقے کو ایسے حالات میں رکھا جانا چاہیے جن میں وہ کم از کم اپنے وجود کو جاری رکھ سکے۔

Le serf, à l'époque du servage, s'élevait lui-même au rang d'adhérent à la commune

غلامی کے دور میں سرف نے خود کو کمیون کی رکنیت تک پہنچایا۔

de même que la petite bourgeoisie, sous le joug de l'absolutisme féodal, a réussi à se développer en bourgeoisie

جس طرح جاگیردارانہ آمریت کے بوجھ تلے دبی چھوٹی بورژوازی بورژوازی بورژوازی بننے میں کامیاب رہی۔

L'ouvrier moderne, au contraire, au lieu de s'élever avec les progrès de l'industrie, s'enfonce de plus en plus profondément

اس کے برعکس جدید مزدور صنعت کی ترقی کے ساتھ آگے بڑھنے کے بجائے گہرا اور گہرا ہوتا جا رہا ہے۔

il s'enfonce au-dessous des conditions d'existence de sa propre classe

وہ اپنے ہی طبقے کے وجود کی شرائط سے نیچے ڈوب جاتا ہے

Il devient pauvre, et le paupérisme se développe plus rapidement que la population et la richesse

وہ غریب بن جاتا ہے، اور غریبی آبادی اور دولت سے زیادہ تیزی سے ترقی کرتی ہے

Et c'est là qu'il devient évident que la bourgeoisie n'est plus apte à être la classe dominante dans la société

اور یہاں یہ بات یہ واضح ہو جاتی ہے کہ بورژوازی اب معاشرے میں حکمران طبقہ بننے کے قابل نہیں ہے۔

et elle n'est pas digne d'imposer ses conditions d'existence à la société comme une loi prépondérante

اور یہ معاشرے پر اپنے وجود کی شرائط کو ایک حد سے زیادہ سوار قانون کے طور پر مسلط کرنے کے قابل نہیں ہے۔

Il est inapte à gouverner parce qu'il est incompétent pour assurer une existence à son esclave dans son esclavage

وہ حکومت کرنے کے قابل نہیں ہے کیونکہ وہ اپنے غلام کو اس کی غلامی میں اپنے وجود کی یقین دہانی کرانے میں نااہل ہے۔

parce qu'il ne peut s'empêcher de le laisser sombrer dans un tel état, qu'il doit le nourrir, au lieu d'être nourri par lui

کیونکہ یہ اسے ایسی حالت میں ڈوبنے دینے کے بغیر نہیں رہ سکتا کہ اسے کھلانے کے بجائے اسے کھانا کھلانا پڑے۔

La société ne peut plus vivre sous cette bourgeoisie

معاشرہ اب اس بورژوازی کے تحت نہیں رہ سکتا

En d'autres termes, son existence n'est plus compatible avec la société

دوسرے لفظوں میں، اس کا وجود اب معاشرے کے ساتھ مطابقت نہیں رکھتا ہے

La condition essentielle de l'existence et de l'influence de la classe bourgeoise est la formation et l'accroissement du capital

بورژوازی طبقے کے وجود اور غلبے کے لیے لازمی شرط سرمائے کی تشکیل اور اس میں اضافہ ہے۔

La condition du capital, c'est le salariat-travail

سرمائے کی شرط اجرت مزدوری ہے۔

Le travail salarié repose exclusivement sur la concurrence entre les travailleurs

مزدوری صرف مزدوروں کے درمیان مسابقت پر منحصر ہے

Le progrès de l'industrie, dont le promoteur involontaire est la bourgeoisie, remplace l'isolement des ouvriers

صنعت کی ترقی، جس کا غیر رضاکارانہ پروموٹر بورژوازی ہے، مزدوروں کی تنہائی کی جگہ لے لیتا ہے۔

en raison de la concurrence, en raison de leur combinaison révolutionnaire, en raison de l'association

مسابقت کی وجہ سے، ان کے انقلابی امتزاج کی وجہ سے، ایسوسی ایشن کی وجہ سے

Le développement de l'industrie moderne lui coupe sous les pieds les fondements mêmes sur lesquels la bourgeoisie produit et s'approprie les produits

جدید صنعت کی ترقی اس کے پیروں تلے سے اس بنیاد کو ختم کر دیتی ہے جس پر بورژوازی مصنوعات تیار کرتی ہے اور ان کا استعمال کرتی ہے۔

Ce que la bourgeoisie produit avant tout, ce sont ses propres fossoyeurs

بورژوازی جو کچھ پیدا کرتی ہے، سب سے بڑھ کر، وہ اس کے اپنے قبر کھودنے والے ہیں۔

La chute de la bourgeoisie et la victoire du prolétariat sont également inévitables

بورژوازی کا زوال اور پرولتاریہ کی فتح یکساں طور پر ناگزیر ہے۔

Prolétaires et communistes
پرولتاریہ اور کمیونسٹ

Quel est le rapport des communistes vis-à-vis de l'ensemble des prolétaires ?

کمیونسٹ مجموعی طور پر پرولتاریہ کے ساتھ کس تعلق میں کھڑے ہیں؟

Les communistes ne forment pas un parti séparé opposé aux autres partis de la classe ouvrière

کمیونسٹ دیگر محنت کش جماعتوں کے مقابلے میں ایک علیحدہ پارٹی تشکیل نہیں دیتے ہیں۔

Ils n'ont pas d'intérêts séparés de ceux du prolétariat dans son ensemble

ان کے پاس پرولتاریہ کے مفادات سے الگ اور الگ کوئی مفاد نہیں ہے۔

Ils n'établissent pas de principes sectaires qui leur soient propres pour façonner et modeler le mouvement prolétarien

وہ اپنا کوئی فرقہ وارانہ اصول قائم نہیں کرتے، جس کے ذریعے پرولتاریہ تحریک کو تشکیل دیا جا سکے اور اسے ڈھالا جا سکے۔

Les communistes ne se distinguent des autres partis ouvriers que par deux choses

کمیونسٹ دیگر محنت کش وں کی جماعتوں سے صرف دو چیزوں سے ممتاز ہیں۔

Premièrement, ils signalent et mettent en avant les intérêts communs de l'ensemble du prolétariat, indépendamment de toute nationalité

سب سے پہلے، وہ تمام قومیتوں سے قطع نظر پورے پرولتاریہ کے مشترکہ مفادات کی نشاندہی کرتے ہیں اور سامنے لاتے ہیں۔

C'est ce qu'ils font dans les luttes nationales des prolétaires des différents pays

یہ وہ مختلف ممالک کے پرولتاریوں کی قومی جدوجہد میں کرتے ہیں۔

Deuxièmement, ils représentent toujours et partout les intérêts du mouvement dans son ensemble

دوسری بات یہ ہے کہ وہ ہمیشہ اور ہر جگہ مجموعی طور پر تحریک کے مفادات کی نمائندگی کرتے ہیں۔

c'est ce qu'ils font dans les différents stades de
développement par lesquels doit passer la lutte de la classe
ouvrière contre la bourgeoisie

یہ وہ ترقی کے مختلف مراحل میں کرتے ہیں، جس سے بورژوازی
کے خلاف محنت کش طبقے کی جدوجہد کو گزرنا پڑتا ہے۔

Les communistes sont donc, d'une part, pratiquement, la
section la plus avancée et la plus résolue des partis ouvriers
de tous les pays

لہٰذا کمیونسٹ ایک طرف عملی طور پر ہر ملک کی محنت کش
جماعتوں کا سب سے زیادہ ترقی یافتہ اور پرعزم طبقہ ہیں۔

Ils sont cette section de la classe ouvrière qui pousse en
avant toutes les autres

یہ محنت کش طبقے کا وہ طبقہ ہے جو باقی سب کو آگے بڑھاتا ہے۔

Théoriquement, ils ont aussi l'avantage de bien comprendre
la ligne de marche

نظریاتی طور پر، انہیں مارچ کی لائن کو واضح طور پر سمجھنے کا
فائدہ بھی ہے

C'est ce qu'ils comprennent mieux par rapport à la grande
masse du prolétariat

یہ وہ پرولتاریہ کی عظیم آبادی کے مقابلے میں بہتر سمجھتے ہیں

Ils comprennent les conditions et les résultats généraux
ultimes du mouvement prolétarien

وہ حالات کو سمجھتے ہیں، اور پرولتاریہ تحریک کے حتمی عمومی
نتائج کو سمجھتے ہیں

Le but immédiat du Parti communiste est le même que celui
de tous les autres partis prolétariens

کمیونسٹ کا فوری مقصد وہی ہے جو دیگر تمام پرولتاریہ جماعتوں کا
ہے۔

Leur but est la formation du prolétariat en classe

ان کا مقصد پرولتاریہ کو ایک طبقے میں تبدیل کرنا ہے۔

ils visent à renverser la suprématie de la bourgeoisie

ان کا مقصد بورژوازی بالادستی کا تختہ الٹنا ہے

la conquête du pouvoir politique par le prolétariat

پرولتاریہ کے ذریعہ سیاسی اقتدار کی فتح کے لئے جدوجہد

Les conclusions théoriques des communistes ne sont
nullement basées sur des idées ou des principes de
réformateurs

کمیونسٹوں کے نظریاتی نتائج کسی بھی طرح مصلحین کے نظریات یا
اصولوں پر مبنی نہیں ہیں۔

ce ne sont pas des prétendus réformateurs universels qui ont
inventé ou découvert les conclusions théoriques des
communistes

یہ عالمگیر اصلاح پسند نہیں تھے جنہوں نے کمیونسٹوں کے نظریاتی
نتائج ایجاد یا دریافت کیے۔

Ils ne font qu'exprimer, en termes généraux, des rapports
réels qui naissent d'une lutte de classe existante

وہ صرف عام الفاظ میں موجودہ طبقاتی جدوجہد سے پیدا ہونے والے
حقیقی تعلقات کا اظہار کرتے ہیں۔

Et ils décrivent le mouvement historique qui se déroule sous
nos yeux et qui a créé cette lutte des classes

اور وہ ہماری آنکھوں کے نیچے جاری تاریخی تحریک کو بیان کرتے
ہیں جس نے اس طبقاتی جدوجہد کو جنم دیا ہے۔

L'abolition des rapports de propriété existants n'est pas du
tout un trait distinctif du communisme

موجودہ جائیداد کے تعلقات کا خاتمہ کمیونزم کی ایک مخصوص
خصوصیت نہیں ہے۔

Dans le passé, toutes les relations de propriété ont été
continuellement sujettes à des changements historiques

ماضی میں تمام املاک کے تعلقات مسلسل تاریخی تبدیلیوں کے تابع
رہے ہیں۔

et ces changements ont été consécutifs au changement des
conditions historiques

اور یہ تبدیلیاں تاریخی حالات میں تبدیلی کے نتیجے میں ہوئیں۔

La Révolution française, par exemple, a aboli la propriété
féodale au profit de la propriété bourgeoise

مثال کے طور پر فرانس کے انقلاب نے بورژوازی جائیداد کے حق
میں جاگیردارانہ جائیداد کا خاتمہ کر دیا۔

Le trait distinctif du communisme n'est pas l'abolition de la
propriété, en général

کمیونزم کی امتیازی خصوصیت عام طور پر جائیداد کا خاتمہ نہیں ہے۔

mais le trait distinctif du communisme, c'est l'abolition de la
propriété bourgeoise

لیکن کمیونزم کی امتیازی خصوصیت بورژوازی جائیداد کا خاتمہ ہے۔

Mais la propriété privée de la bourgeoisie moderne est
l'expression ultime et la plus complète du système de
production et d'appropriation des produits

لیکن جدید بورژوازی نجی ملکیت مصنوعات کی پیداوار اور قبضے
کے نظام کا حتمی اور مکمل اظہار ہے۔

C'est l'état final d'un système basé sur les antagonismes de
classe, où l'antagonisme de classe est l'exploitation du plus
grand nombre par quelques-uns

یہ ایک ایسے نظام کی حتمی حالت ہے جو طبقاتی دشمنی پر مبنی ہے،
جہاں طبقاتی دشمنی چند لوگوں کے ذریعہ بہت سے لوگوں کا
استحصال ہے۔

En ce sens, la théorie des communistes peut se résumer en
une seule phrase ; l'abolition de la propriété privée

اس لحاظ سے کمیونسٹوں کے نظریے کا خلاصہ ایک جملے میں کیا
جا سکتا ہے۔ نجی املاک کا خاتمہ

On nous a reproché, à nous communistes, de vouloir abolir
le droit d'acquérir personnellement des biens

ہم کمیونسٹوں کو ذاتی طور پر جائیداد حاصل کرنے کے حق کو ختم
کرنے کی خواہش کے ساتھ ملامت کی گئی ہے۔

On prétend que cette propriété est le fruit du travail de
l'homme

یہ دعوی کیا جاتا ہے کہ یہ جائیداد انسان کی اپنی محنت کا پھل ہے۔

et cette propriété est censée être le fondement de toute
liberté, de toute activité et de toute indépendance
individuelles.

اور یہ جائیداد مبینہ طور پر تمام ذاتی آزادی، سرگرمی اور آزادی کی
بنیاد ہے.

« Propriété durement gagnée, auto-acquise, auto-gagnée ! »

"محنت سے جیتی گئی، خود سے حاصل کردہ، خود سے کمائی گئی
جائیداد!"

Voulez-vous dire la propriété du petit artisan et du petit
paysan ?

کیا آپ کا مطلب چھوٹے کاریگر اور چھوٹے کسان کی ملکیت ہے؟

Voulez-vous parler d'une forme de propriété qui a précédé la forme bourgeoise ?

کیا آپ کا مطلب جائیداد کی ایک شکل ہے جو بورژوازی شکل سے پہلے تھی؟

Il n'est pas nécessaire de l'abolir, le développement de l'industrie l'a déjà détruit dans une large mesure

اسے ختم کرنے کی کوئی ضرورت نہیں ہے، صنعت کی ترقی نے پہلے ہی اسے کافی حد تک تباہ کر دیا ہے۔

et le développement de l'industrie continue de la détruire chaque jour

اور صنعت کی ترقی اب بھی اسے روزانہ تباہ کر رہی ہے

Ou voulez-vous parler de la propriété privée de la bourgeoisie moderne ?

یا آپ کا مطلب جدید بورژوازی کی نجی ملکیت ہے؟

Mais le travail salarié crée-t-il une propriété pour l'ouvrier ?

لیکن کیا مزدوری مزدور کے لیے کوئی جائیداد پیدا کرتی ہے؟

Non, le travail salarié ne crée pas une parcelle de ce genre de propriété !

نہیں، مزدوری اس قسم کی جائیداد کا ایک ٹکڑا بھی پیدا نہیں کرتی ہے

Ce que le travail salarié crée, c'est du capital ; ce genre de propriété qui exploite le travail salarié

مزدوری جو پیدا کرتی ہے وہ سرمایہ ہے۔ وہ جائیداد جو اجرت مزدوری کا استحصال کرتی ہے

Le capital ne peut s'accroître qu'à la condition d'engendrer une nouvelle offre de travail salarié pour une nouvelle exploitation

سرمائے میں اضافہ اس شرط کے بغیر نہیں ہو سکتا کہ نئے استحصال کے لیے مزدوری کی نئی فراہمی کو بھول جائیں۔

La propriété, dans sa forme actuelle, est fondée sur l'antagonisme du capital et du salariat

جائیداد، اپنی موجودہ شکل میں، سرمائے اور اجرت مزدوری کی دشمنی پر مبنی ہے.

Examinons les deux côtés de cet antagonisme

آئیے اس دشمنی کے دونوں پہلوؤں کا جائزہ لیں

Être capitaliste, ce n'est pas seulement avoir un statut purement personnel

سرمایہ دار ہونے کا مطلب نہ صرف خالص ذاتی حیثیت کا ہونا ہے۔

Au contraire, être capitaliste, c'est aussi avoir un statut social dans la production

اس کے بجائے، سرمایہ دار ہونے کا مطلب پیداوار میں ایک سماجی حیثیت بھی ہے.

parce que le capital est un produit collectif ; Ce n'est que par l'action unie de nombreux membres qu'elle peut être mise en branle

کیونکہ سرمایہ ایک اجتماعی پیداوار ہے۔ بہت سے ارکان کے متحدہ اقدام سے ہی اسے حرکت میں لایا جا سکتا ہے۔

Mais cette action unie n'est qu'un dernier recours, et nécessite en fait tous les membres de la société

لیکن یہ متحدہ اقدام ایک آخری راستہ ہے، اور درحقیقت معاشرے کے تمام ارکان کی ضرورت ہے.

Le capital est converti en propriété de tous les membres de la société

سرمائے کو معاشرے کے تمام افراد کی ملکیت میں تبدیل کر دیا جاتا ہے

mais le Capital n'est donc pas une puissance personnelle ; c'est un pouvoir social

لیکن سرمایہ، لہٰذا، ایک ذاتی طاقت نہیں ہے ۔یہ ایک سماجی طاقت ہے

Ainsi, lorsque le capital est converti en propriété sociale, la propriété personnelle n'est pas pour autant transformée en propriété sociale

لہٰذا جب سرمائے کو سماجی ملکیت میں تبدیل کیا جاتا ہے تو ، ذاتی ملکیت اس طرح معاشرتی ملکیت میں تبدیل نہیں ہوتی ہے۔

Ce n'est que le caractère social de la propriété qui est modifié et qui perd son caractère de classe

یہ صرف جائیداد کا سماجی کردار ہے جو تبدیل ہوتا ہے ، اور اپنا طبقاتی کردار کھو دیتا ہے۔

Regardons maintenant le travail salarié

آئیے اب اجرت مزدوری پر نظر ڈالتے ہیں

Le prix moyen du salariat est le salaire minimum, c'est-à-dire le quantum des moyens de subsistance

مزدوری کی اوسط قیمت کم از کم اجرت ہے، یعنی گزر بسر کے ذرائع کی مقدار

Ce salaire est absolument nécessaire dans la simple
existence d'un ouvrier

ایک مزدور کی حیثیت سے وجود میں یہ اجرت بالکل ضروری ہے۔

Ce que le salarié s'approprie par son travail ne suffit donc
qu'à prolonger et à reproduire une existence nue

لہٰذا، مزدور اپنی محنت کے ذریعے جو کچھ حاصل کرتا ہے، وہ
صرف ایک ننگے وجود کو طول دینے اور دوبارہ پیدا کرنے کے لیے
کافی ہے۔

Nous n'avons nullement l'intention d'abolir cette
appropriation personnelle des produits du travail

ہم کسی بھی طرح سے مزدوروں کی مصنوعات کے اس ذاتی استعمال
کو ختم کرنے کا ارادہ نہیں رکھتے ہیں

une appropriation qui est faite pour le maintien et la
reproduction de la vie humaine

ایک تخصیص جو انسانی زندگی کی دیکھ بھال اور افزائش کے لئے
کی جاتی ہے

Une telle appropriation personnelle des produits du travail
ne laisse pas de surplus pour commander le travail d'autrui

مزدوری کی مصنوعات کے اس طرح کے ذاتی استعمال سے دوسروں
کی محنت کو کنٹرول کرنے کے لئے کوئی اضافی رقم نہیں بچتی ہے۔

Tout ce que nous voulons supprimer, c'est le caractère
misérable de cette appropriation

ہم جو کچھ بھی ختم کرنا چاہتے ہیں، وہ اس تخصیص کا افسوسناک
کردار ہے۔

l'appropriation dont vit l'ouvrier dans le seul but
d'augmenter son capital

وہ تخصیص جس کے تحت مزدور صرف سرمائے میں اضافہ کرنے
کے لئے زندگی گزارتا ہے

Il n'est autorisé à vivre que dans la mesure où l'intérêt de la
classe dominante l'exige

اسے صرف اس حد تک رہنے کی اجازت ہے جہاں تک حکمران
طبقے کے مفاد کا تقاضا ہو۔

Dans la société bourgeoise, le travail vivant n'est qu'un
moyen d'augmenter le travail accumulé

بورژوازی معاشرے میں، زندہ محنت صرف جمع شدہ مزدوری کو
بڑھانے کا ایک ذریعہ ہے

Dans la société communiste, le travail accumulé n'est qu'un moyen d'élargir, d'enrichir, de promouvoir l'existence de l'ouvrier

کمیونسٹ معاشرے میں جمع شدہ محنت مزدور کے وجود کو وسعت دینے، مالا مال کرنے اور فروغ دینے کا ایک ذریعہ ہے۔

C'est pourquoi, dans la société bourgeoise, le passé domine le présent

بورژوازی معاشرے میں ماضی حال پر حاوی ہے۔

dans la société communiste, le présent domine le passé

کمیونسٹ معاشرے میں حال ماضی پر حاوی ہے

Dans la société bourgeoise, le capital est indépendant et a une individualité

بورژوازی معاشرے میں سرمایہ آزاد ہے اور انفرادیت رکھتا ہے۔

Dans la société bourgeoise, la personne vivante est dépendante et n'a pas d'individualité

بورژوازی معاشرے میں زندہ شخص منحصر ہے اور اس کی کوئی انفرادیت نہیں ہے۔

Et l'abolition de cet état de choses est appelée par la bourgeoisie l'abolition de l'individualité et de la liberté !

اور اس حالت کے خاتمے کو بورژوازی، انفرادیت اور آزادی کا خاتمہ کہتے ہیں!

Et c'est à juste titre qu'on l'appelle l'abolition de l'individualité et de la liberté !

اور اسے بجا طور پر انفرادیت اور آزادی کا خاتمہ کہا جاتا ہے!

Le communisme vise à l'abolition de l'individualité bourgeoise

کمیونزم کا مقصد بورژوازی انفرادیت کا خاتمہ ہے

Le communisme veut l'abolition de l'indépendance de la bourgeoisie

کمیونزم بورژوازی کی آزادی کے خاتمے کا ارادہ رکھتا ہے

La liberté de la bourgeoisie est sans aucun doute ce que vise le communisme

بورژوازی کی آزادی بلاشبہ کمیونزم کا مقصد ہے

dans les conditions actuelles de production de la bourgeoisie, la liberté signifie le libre-échange, la liberté de vendre et d'acheter

پیداوار کے موجودہ بورژوازی حالات کے تحت ، آزادی کا مطلب آزاد تجارت ، آزاد فروخت اور خریداری ہے۔

Mais si la vente et l'achat disparaissent, la vente et l'achat gratuits disparaissent également

لیکن اگر خرید و فروخت غائب ہو جائے تو مفت خرید و فروخت بھی غائب ہو جاتی ہے۔

Les « paroles courageuses » de la bourgeoisie sur la vente et l'achat libres n'ont qu'un sens limité

بورژوازی کے مفت فروخت اور خرید و فروخت کے بارے میں بہادر الفاظ "صرف محدود معنوں میں معنی رکھتے ہیں۔"

Ces mots n'ont de sens que par opposition à la vente et à l'achat restreints

یہ الفاظ محدود فروخت اور خرید و فروخت کے بر عکس صرف معنی رکھتے ہیں۔

et ces mots n'ont de sens que lorsqu'ils s'appliquent aux marchands enchaînés du moyen âge

اور یہ الفاظ صرف اس وقت معنی رکھتے ہیں جب ان کا اطلاق قرون وسطیٰ کے تاجروں پر ہوتا ہے۔

et cela suppose que ces mots aient même un sens dans un sens bourgeois

اور یہ فرض کرتا ہے کہ یہ الفاظ بورژوازی معنوں میں بھی معنی رکھتے ہیں۔

mais ces mots n'ont aucun sens lorsqu'ils sont utilisés pour s'opposer à l'abolition communiste de l'achat et de la vente

لیکن ان الفاظ کا کوئی مطلب نہیں ہے جب انہیں خرید و فروخت کے کمیونسٹ انہدام کی مخالفت کرنے کے لئے استعمال کیا جا رہا ہے۔

les mots n'ont pas de sens lorsqu'ils sont utilisés pour s'opposer à l'abolition des conditions de production de la bourgeoisie

ان الفاظ کا کوئی مطلب نہیں ہے جب انہیں بورژوازی کی پیداواری شرائط کو ختم کرنے کی مخالفت کرنے کے لئے استعمال کیا جا رہا ہے۔

et ils n'ont aucun sens lorsqu'ils sont utilisés pour s'opposer à l'abolition de la bourgeoisie elle-même

اور جب انہیں بورژوازی کے خاتمے کی مخالفت کرنے کے لئے استعمال کیا جا رہا ہے تو ان کا کوئی مطلب نہیں ہے۔

Vous êtes horrifiés par notre intention d'en finir avec la propriété privée

آپ ہماری نجی جائیداد کو ختم کرنے کے ارادے سے خوفزدہ ہیں

Mais dans votre société actuelle, la propriété privée est déjà abolie pour les neuf dixièmes de la population

لیکن آپ کے موجودہ معاشرے میں آبادی کے دسویں حصے کے لیے نجی املاک پہلے ہی ختم ہو چکی ہیں۔

L'existence d'une propriété privée pour quelques-uns est uniquement due à sa non-existence entre les mains des neuf dixièmes de la population

چند لوگوں کے لئے نجی ملکیت کا وجود صرف آبادی کے دسویں حصے کے ہاتھوں میں اس کی عدم موجودگی کی وجہ سے ہے۔

Vous nous reprochez donc d'avoir l'intention de supprimer une forme de propriété

لہٰذا آپ ہمیں اس نیت سے بدنام کرتے ہیں کہ کسی قسم کی جائیداد کو ختم کر دیا جائے۔

Mais la propriété privée nécessite l'inexistence de toute propriété pour l'immense majorité de la société

لیکن نجی ملکیت معاشرے کی بڑی اکثریت کے لئے کسی بھی جائیداد کی عدم موجودگی کا تقاضا کرتی ہے۔

En un mot, vous nous reprochez d'avoir l'intention de vous débarrasser de vos biens

ایک لفظ میں، آپ ہمیں اپنی جائیداد کو ختم کرنے کے ارادے کے ساتھ ملامت کرتے ہیں

Et c'est précisément le cas ; se débarrasser de votre propriété est exactement ce que nous avons l'intention de faire

اور بالکل ایسا ہی ہے۔ آپ کی جائیداد کو ختم کرنا وہی ہے جو ہم ارادہ رکھتے ہیں

À partir du moment où le travail ne peut plus être converti en capital, en argent ou en rente

اس لمحے سے جب مزدوری کو سرمائے، پیسے یا کرایہ میں تبدیل نہیں کیا جا سکتا

quand le travail ne peut plus être converti en un pouvoir social monopolisé

جب مزدوروں کو ایک ایسی سماجی طاقت میں تبدیل نہیں کیا جا سکتا جو اجارہ داری کے قابل ہو۔

à partir du moment où la propriété individuelle ne peut plus être transformée en propriété bourgeoise

اس لمحے سے جب انفرادی ملکیت کو بورژوازی جائیداد میں تبدیل نہیں کیا جاسکتا ہے

à partir du moment où la propriété individuelle ne peut plus être transformée en capital

اس لمحے سے جب انفرادی ملکیت کو سرمائے میں تبدیل نہیں کیا جاسکتا ہے

À partir de ce moment-là, vous dites que l'individualité s'évanouit

اس لمحے سے، آپ کہتے ہیں کہ انفرادیت غائب ہو جاتی ہے

Vous devez donc avouer que par « individu » vous n'entendez personne d'autre que la bourgeoisie

لہٰذا آپ کو اعتراف کرنا ہوگا کہ "فرد "سے آپ کا مطلب بورژوازی کے علاوہ کوئی اور شخص نہیں ہے۔

Vous devez avouer qu'il s'agit spécifiquement du propriétaire de la classe moyenne

آپ کو اعتراف کرنا ہوگا کہ یہ خاص طور پر جائیداد کے متوسط طبقے کے مالک کی طرف اشارہ کرتا ہے

Cette personne doit, en effet, être balayée et rendue impossible

درحقیقت اس شخص کو راستے سے نکال دیا جانا چاہیے اور ناممکن بنا دیا جانا چاہیے۔

Le communisme ne prive personne du pouvoir de s'approprier les produits de la société

کمیونزم کسی بھی شخص کو معاشرے کی مصنوعات پر قبضہ کرنے کی طاقت سے محروم نہیں کرتا

tout ce que fait le communisme, c'est de le priver du pouvoir de subjuguer le travail d'autrui au moyen d'une telle appropriation

کمیونزم جو کچھ بھی کرتا ہے وہ یہ ہے کہ اسے اس طاقت سے محروم کر دیا جائے کہ وہ اس طرح کے استحصال کے ذریعے دوسروں کی محنت کو زیر کر سکے۔

On a objecté qu'avec l'abolition de la propriété privée, tout travail cesserait

اعتراض کیا گیا ہے کہ نجی املاک کے خاتمے پر تمام کام بند ہوجائیں
گے۔

et il est alors suggéré que la paresse universelle nous
rattrapera

اور پھر یہ تجویز کیا جاتا ہے کہ عالمگیر کاہلی ہم پر غالب آجائے گی۔

D'après cela, il y a longtemps que la société bourgeoise
aurait dû aller aux chiens par pure oisiveté

اس کے مطابق بورژوازی معاشرے کو بہت پہلے کتوں کے پاس جانا
چاہیے تھا۔

parce que ceux de ses membres qui travaillent, n'acquièrent
rien

کیونکہ اس کے ارکان میں سے جو کام کرتے ہیں وہ کچھ حاصل نہیں
کرتے ہیں

et ceux de ses membres qui acquièrent quoi que ce soit, ne
travaillent pas

اور اس کے ارکان میں سے جو کچھ حاصل کرتے ہیں وہ کام نہیں
کرتے۔

L'ensemble de cette objection n'est qu'une autre expression
de la tautologie

یہ سارا اعتراض صرف ٹوٹولوجی کا ایک اور اظہار ہے۔

Il ne peut plus y avoir de travail salarié quand il n'y a plus
de capital

جب کوئی سرمایہ نہیں ہے تو اب کوئی اجرت مزدور نہیں ہو سکتا

Il n'y a pas de différence entre les produits matériels et les
produits mentaux

مادی مصنوعات اور ذہنی مصنوعات کے درمیان کوئی فرق نہیں ہے

Le communisme propose que les deux soient produits de la
même manière

کمیونزم تجویز کرتا ہے کہ یہ دونوں ایک ہی طرح سے تیار کیے
جاتے ہیں

mais les objections contre les modes communistes de
production sont les mêmes

لیکن ان کی پیداوار کے کمیونسٹ طریقوں کے خلاف اعتراضات ایک
جیسے ہیں۔

pour la bourgeoisie, la disparition de la propriété de classe
est la disparition de la production elle-même

بورژوازی کے نزدیک طبقاتی املاک کا غائب ہونا خود پیداوار کا غائب ہونا ہے۔

Ainsi, la disparition de la culture de classe est pour lui identique à la disparition de toute culture

لہٰذا طبقاتی ثقافت کا غائب ہونا ان کے نزدیک تمام ثقافتوں کے غائب ہونے کے مترادف ہے۔

Cette culture, dont il déplore la perte, n'est pour l'immense majorité qu'un simple entraînement à agir comme une machine

وہ ثقافت، جس کے نقصان پر وہ افسوس کا اظہار کرتے ہیں، بڑی اکثریت کے لیے محض ایک مشین کے طور پر کام کرنے کی تربیت ہے۔

Les communistes ont bien l'intention d'abolir la culture de la propriété bourgeoise

کمیونسٹ بورژوازی جائیداد کی ثقافت کو ختم کرنے کا ارادہ رکھتے ہیں

Mais ne vous querellez pas avec nous tant que vous appliquez les normes de vos notions bourgeoises de liberté, de culture, de droit, etc

لیکن جب تک آپ آزادی، ثقافت، قانون وغیرہ کے اپنے بورژوازی تصورات کے معیار کو لاگو کرتے ہیں تب تک ہم سے جھگڑا نہ کریں۔

Vos idées mêmes ne sont que le résultat des conditions de votre production bourgeoise et de la propriété bourgeoise

آپ کے خیالات صرف آپ کی بورژوازی پیداوار اور بورژوازی کی ملکیت کے حالات سے باہر ہیں۔

de même que votre jurisprudence n'est que la volonté de votre classe érigée en loi pour tous

جیسا کہ آپ کی فقہ ہے لیکن آپ کے طبقے کی مرضی سب کے لئے ایک قانون بن گئی ہے

Le caractère essentiel et l'orientation de cette volonté sont déterminés par les conditions économiques créées par votre classe sociale

اس وصیت کے بنیادی کردار اور سمت کا تعین آپ کے سماجی طبقے کے پیدا کردہ معاشی حالات سے ہوتا ہے۔

L'idée fausse égoïste qui vous pousse à transformer les formes sociales en lois éternelles de la nature et de la raison

وہ خود غرض غلط فہمی جو آپ کو معاشرتی شکلوں کو فطرت اور
عقل کے ابدی قوانین میں تبدیل کرنے کی ترغیب دیتی ہے

les formes sociales qui découlent de votre mode de
production et de votre forme de propriété actuels

آپ کی پیداوار کے موجودہ طریقہ کار اور جائیداد کی شکل سے جنم
لینے والی سماجی شکلیں

des rapports historiques qui naissent et disparaissent dans le
progrès de la production

تاریخی تعلقات جو پیداوار کی ترقی میں ابھرتے اور غائب ہوتے ہیں

cette idée fausse que vous partagez avec toutes les classes
dirigeantes qui vous ont précédés

یہ غلط فہمی آپ سے پہلے کے ہر حکمران طبقے کے ساتھ بانٹتے ہیں۔

Ce que vous voyez clairement dans le cas de la propriété
ancienne, ce que vous admettez dans le cas de la propriété
féodale

قدیم جائیداد کے معاملے میں آپ جو واضح طور پر دیکھتے ہیں،
جاگیردارانہ جائیداد کے معاملے میں آپ کیا تسلیم کرتے ہیں

ces choses, il vous est bien entendu interdit de les admettre
dans le cas de votre propre forme de propriété bourgeoise

یہ چیزیں جو آپ کو اپنی بورژوازی قسم کی جائیداد کے معاملے میں
قبول کرنے سے منع کیا گیا ہے

Abolition de la famille ! Même les plus radicaux
s'enflamment devant cette infâme proposition des
communistes

خاندان کا خاتمہ !یہاں تک کہ کمیونسٹوں کی اس بدنام زمانہ تجویز پر
سب سے زیادہ شدت پسندانہ آگ بھڑک اٹھی۔

Sur quelle base se fonde la famille actuelle, la famille
bourgeoise ?

موجودہ خاندان، بورژوازی خاندان، کس بنیاد پر قائم ہے؟

La fondation de la famille actuelle est basée sur le capital et
le gain privé

موجودہ خاندان کی بنیاد سرمائے اور نجی منافع پر مبنی ہے۔

Sous sa forme complètement développée, cette famille
n'existe que dans la bourgeoisie

اپنی مکمل طور پر ترقی یافتہ شکل میں یہ خاندان صرف بورژوازی
میں موجود ہے۔

Cet état de choses trouve son complément dans l'absence pratique de la famille chez les prolétaires

یہ حالت پرولتاریہ میں خاندان کی عملی غیر موجودگی میں اس کی تکمیل پاتی ہے۔

Cet état de choses se retrouve dans la prostitution publique

چیزوں کی یہ حالت عوامی جسم فروشی میں پائی جا سکتی ہے

La famille bourgeoise disparaîtra d'office quand son effectif disparaîtra

بورژوازی خاندان یقیناً اس وقت غائب ہو جائے گا جب اس کی تکمیل ختم ہو جائے گی۔

et l'une et l'autre s'évanouiront avec la disparition du capital

اور یہ دونوں سرمائے کے غائب ہونے کے ساتھ غائب ہو جائیں گے۔

Nous accusez-vous de vouloir mettre fin à l'exploitation des enfants par leurs parents ?

کیا آپ ہم پر الزام عائد کرتے ہیں کہ ہم اپنے والدین کی طرف سے بچوں کے استحصال کو روکنا چاہتے ہیں؟

Nous plaidons coupables de ce crime

اس جرم کا ہم اعتراف کرتے ہیں

Mais, direz-vous, on détruit les relations les plus sacrées, quand on remplace l'éducation à domicile par l'éducation sociale

لیکن، آپ کہیں گے، جب ہم گھریلو تعلیم کو سماجی تعلیم سے تبدیل کرتے ہیں تو ہم سب سے مقدس تعلقات کو تباہ کر دیتے ہیں۔

Votre éducation n'est-elle pas aussi sociale ? Et n'est-elle pas déterminée par les conditions sociales dans lesquelles vous éduquez ?

کیا آپ کی تعلیم بھی سماجی نہیں ہے؟ اور کیا اس کا تعین ان سماجی حالات سے نہیں ہوتا جن کے تحت آپ تعلیم حاصل کرتے ہیں؟

par l'intervention, directe ou indirecte, de la société, par le biais de l'école, etc.

معاشرے کی براہ راست یا بالواسطہ مداخلت کے ذریعے، اسکولوں وغیرہ کے ذریعے۔

Les communistes n'ont pas inventé l'intervention de la société dans l'éducation

کمیونسٹوں نے تعلیم میں معاشرے کی مداخلت ایجاد نہیں کی ہے۔

ils ne cherchent qu'à modifier le caractère de cette intervention

وہ اس مداخلت کے کردار کو تبدیل کرنے کی کوشش کرتے ہیں

et ils cherchent à sauver l'éducation de l'influence de la classe dirigeante

اور وہ تعلیم کو حکمران طبقے کے اثر و رسوخ سے بچانے کی کوشش کرتے ہیں۔

La bourgeoisie parle de la relation sacrée du parent et de l'enfant

بورژوازی والدین اور بچے کے مقدس باہمی تعلق کی بات کرتی ہے

mais ce baratin sur la famille et l'éducation devient d'autant plus répugnant quand on regarde l'industrie moderne

لیکن جب ہم جدید صنعت پر نظر ڈالتے ہیں تو خاندان اور تعلیم کے بارے میں یہ تالیاں اور بھی گھناؤنی ہو جاتی ہیں۔

Tous les liens familiaux entre les prolétaires sont déchirés par l'industrie moderne

پرولتاریہ کے درمیان تمام خاندانی تعلقات جدید صنعت کی وجہ سے ٹوٹ چکے ہیں۔

Leurs enfants sont transformés en simples objets de commerce et en instruments de travail

ان کے بچے تجارت کے سادہ مضامین اور مزدوری کے آلات میں تبدیل ہو جاتے ہیں۔

Mais vous, communistes, vous créeriez une communauté de femmes, crie en chœur toute la bourgeoisie

لیکن آپ کمیونسٹ عورتوں کی ایک کمیونٹی بنائیں گے، پوری بورژوازی آواز میں چیختی ہے

La bourgeoisie ne voit en sa femme qu'un instrument de production

بورژوازی اپنی بیوی کو محض پیداوار کا آلہ سمجھتا ہے

Il entend dire que les instruments de production doivent être exploités par tous

وہ سنتا ہے کہ پیداوار کے آلات سے سب کو فائدہ اٹھانا ہے

et, naturellement, il ne peut arriver à aucune autre conclusion que celle d'être commun à tous retombera également sur les femmes

اور فطری طور پر وہ اس نتیجے پر نہیں پہنچ سکتا کہ سب کے لیے
مشترک ہونے کی ذمہ داری بھی عورتوں پر عائد ہوگی۔

Il ne soupçonne même pas qu'il s'agit en fait d'en finir avec
le statut de la femme en tant que simple instrument de
production

انہیں یہ شک بھی نہیں ہے کہ اصل نکتہ یہ ہے کہ خواتین کی حیثیت
کو محض پیداوار کے آلات کے طور پر ختم کیا جائے۔

Du reste, rien n'est plus ridicule que l'indignation vertueuse
de notre bourgeoisie contre la communauté des femmes

باقی لوگوں کے لئے، عورتوں کی برادری پر ہماری بورژوازی کے
نیک غصے سے زیادہ مضحکہ خیز کچھ بھی نہیں ہے۔

ils prétendent qu'elle doit être établie ouvertement et
officiellement par les communistes

وہ دکھاوا کرتے ہیں کہ یہ کھلے عام اور سرکاری طور پر کمیونسٹوں
کی طرف سے قائم کیا گیا ہے

Les communistes n'ont pas besoin d'introduire la
communauté des femmes, elle existe depuis des temps
immémoriaux

کمیونسٹوں کو خواتین کی برادری متعارف کرانے کی کوئی ضرورت
نہیں ہے، یہ تقریبا قدیم زمانے سے موجود ہے۔

Notre bourgeoisie ne se contente pas d'avoir à sa disposition
les femmes et les filles de ses prolétaires

ہماری بورژوازی اس بات سے مطمئن نہیں ہے کہ ان کے پرولتاریوں
کی بیویاں اور بیٹیاں ان کے پاس ہیں۔

Ils prennent le plus grand plaisir à séduire les femmes de
l'autre

وہ ایک دوسرے کی بیویوں کو دھوکہ دینے میں سب سے زیادہ خوشی
لیتے ہیں۔

Et cela ne parle même pas des prostituées ordinaires

اور یہ عام طوائفوں کے بارے میں بات کرنے کے لئے بھی نہیں ہے

Le mariage bourgeois est en réalité un système d'épouses en
commun

بورژوازی شادی دراصل بیویوں کا ایک ایسا نظام ہے جو مشترک ہے۔

puis il y a une chose qu'on pourrait peut-être reprocher aux
communistes

پھر ایک چیز ہے جس پر کمیونسٹوں کو ممکنہ طور پر ملامت کی جا
سکتی ہے

Ils souhaitent introduire une communauté de femmes
ouvertement légalisée

وہ خواتین کی ایک کھلی قانونی برادری متعارف کروانا چاہتے ہیں

plutôt qu'une communauté de femmes hypocritement
dissimulée

بجائے اس کے کہ خواتین کی منافقانہ طور پر پوشیدہ کمیونٹی

la communauté des femmes issues du système de production

پیداوار کے نظام سے جنم لینے والی خواتین کی برادری

Abolissez le système de production, et vous abolissez la
communauté des femmes

پیداوار کے نظام کو ختم کریں، اور آپ عورتوں کی برادری کو ختم
کریں

La prostitution publique est abolie et la prostitution privée

عوامی جسم فروشی اور نجی جسم فروشی دونوں کو ختم کر دیا گیا ہے

On reproche en outre aux communistes de vouloir abolir les
pays et les nationalités

کمیونسٹوں کو ممالک اور قومیت کو ختم کرنے کی خواہش پر مزید
ملامت کی جاتی ہے۔

Les travailleurs n'ont pas de patrie, nous ne pouvons donc
pas leur prendre ce qu'ils n'ont pas

محنت کشوں کا کوئی ملک نہیں ہے، اس لیے ہم ان سے وہ نہیں لے
سکتے جو انہیں نہیں ملا۔

Le prolétariat doit d'abord acquérir la suprématie politique

پرولتاریہ کو سب سے پہلے سیاسی بالادستی حاصل کرنی ہوگی

Le prolétariat doit s'élever pour être la classe dirigeante de la
nation

پرولتاریہ کو ملک کا سرکردہ طبقہ بننے کے لئے ابھرنا ہوگا

Le prolétariat doit se constituer en nation

پرولتاریہ کو خود کو قوم بنانا ہوگا

elle est, jusqu'à présent, elle-même nationale, mais pas dans
le sens bourgeois du mot

یہ اب تک بذات خود قومی ہے، اگرچہ بورژوازی معنوں میں نہیں۔

Les différences nationales et les antagonismes entre les
peuples s'estompent chaque jour davantage

لوگوں کے درمیان قومی اختلافات اور دشمنیاں روز بروز ختم ہوتی جا رہی ہیں۔

grâce au développement de la bourgeoisie, à la liberté du commerce, au marché mondial

بورژوازی کی ترقی، تجارت کی آزادی، عالمی منڈی کی وجہ سے

à l'uniformité du mode de production et des conditions de vie qui y correspondent

پیداوار کے طریقہ کار اور اس کے مطابق زندگی کے حالات میں یکسانیت

La suprématie du prolétariat les fera disparaître encore plus vite

پرولتاریہ کی بالادستی انہیں تیزی سے غائب کرنے کا سبب بنے گی

L'action unie, du moins dans les principaux pays civilisés, est une des premières conditions de l'émancipation du prolétariat

کم از کم معروف مہذب ممالک کی مشترکہ کارروائی پرولتاریہ کی آزادی کے لئے پہلی شرائط میں سے ایک ہے۔

Dans la mesure où l'exploitation d'un individu par un autre prendra fin, l'exploitation d'une nation par une autre prendra également fin à

جس تناسب سے ایک فرد کے ذریعہ دوسرے فرد کے استحصال کو ختم کیا جائے گا ، اسی تناسب سے ایک قوم کے ذریعہ دوسری قوم کا استحصال بھی ختم ہوجائے گا۔

À mesure que l'antagonisme entre les classes à l'intérieur de la nation disparaîtra, l'hostilité d'une nation envers une autre prendra fin

جس تناسب سے قوم کے اندر طبقات کے درمیان دشمنی ختم ہو جائے گی، ایک قوم کی دوسری قوم سے دشمنی ختم ہو جائے گی۔

Les accusations portées contre le communisme d'un point de vue religieux, philosophique et, en général, idéologique, ne méritent pas d'être examinées sérieusement

کمیونزم کے خلاف مذہبی، فلسفیانہ اور عام طور پر نظریاتی نقطہ نظر سے لگائے گئے الزامات سنجیدہ جانچ کے مستحق نہیں ہیں۔

Faut-il une intuition profonde pour comprendre que les idées, les vues et les conceptions de l'homme changent à chaque changement dans les conditions de son existence matérielle ?

کیا یہ سمجھنے کے لئے گہری بصیرت کی ضرورت ہے کہ انسان کے خیالات، نظریات اور تصورات اس کے مادی وجود کے حالات میں ہر تبدیلی کے ساتھ تبدیل ہوتے رہتے ہیں؟

N'est-il pas évident que la conscience de l'homme change lorsque ses relations sociales et sa vie sociale changent ?

کیا یہ واضح نہیں ہے کہ انسان کا شعور اس وقت تبدیل ہوتا ہے جب اس کے سماجی تعلقات اور اس کی معاشرتی زندگی تبدیل ہوتی ہے؟

Qu'est-ce que l'histoire des idées prouve d'autre, sinon que la production intellectuelle change de caractère à mesure que la production matérielle se modifie ?

خیالات کی تاریخ اس کے علاوہ اور کیا ثابت کرتی ہے کہ مادی پیداوار کے تناسب سے فکری پیداوار اپنے کردار کو تبدیل کرتی ہے؟

Les idées dominantes de chaque époque ont toujours été les idées de sa classe dirigeante

ہر دور کے حکمران نظریات ہمیشہ سے اس کے حکمران طبقے کے خیالات رہے ہیں۔

Quand on parle d'idées qui révolutionnent la société, on n'exprime qu'un seul fait

جب لوگ معاشرے میں انقلاب لانے والے خیالات کی بات کرتے ہیں تو وہ صرف ایک حقیقت کا اظہار کرتے ہیں۔

Au sein de l'ancienne société, les éléments d'une nouvelle société ont été créés

پرانے معاشرے کے اندر، ایک نئے معاشرے کے عناصر پیدا ہوئے ہیں

et que la dissolution des vieilles idées va de pair avec la dissolution des anciennes conditions d'existence

اور یہ کہ پرانے خیالات کی تحلیل وجود کے پرانے حالات کی تحلیل کے ساتھ بھی چلتی رہتی ہے۔

Lorsque le monde antique était dans ses dernières affresses, les anciennes religions ont été vaincues par le christianisme

جب قدیم دنیا اپنے آخری مراحل میں تھی، تو قدیم مذاہب پر عیسائیت نے غلبہ پا لیا تھا۔

Lorsque les idées chrétiennes ont succombé au XVIIIe siècle aux idées rationalistes, la société féodale a mené une bataille à mort contre la bourgeoisie alors révolutionnaire

اٹھارہویں صدی میں جب عیسائی نظریات عقلی نظریات کے آگے جھک گئے تو جاگیردارانہ معاشرے نے اس وقت کے انقلابی بورژوازی کے ساتھ اپنی موت کی جنگ لڑی۔

Les idées de liberté religieuse et de liberté de conscience n'ont fait qu'exprimer l'emprise de la libre concurrence dans le domaine de la connaissance

مذہبی آزادی اور ضمیر کی آزادی کے تصورات نے علم کے دائرے میں آزاد مسابقت کے غلبے کو محض اظہار دیا۔

« Sans doute, dira-t-on, les idées religieuses, morales, philosophiques et juridiques ont été modifiées au cours du développement historique »

،یہ کہا جائے گا کہ "بلاشبہ تاریخی ترقی کے دوران مذہبی، اخلاقی فلسفیانہ اور قانونی نظریات میں تبدیلی ان کی گئی ہیں۔

Mais la religion, la morale, la philosophie, la science politique et le droit ont constamment survécu à ce changement.

لیکن مذہب، اخلاقیات کا فلسفہ، سیاسیات اور قانون اس تبدیلی سے مسلسل بچ گئے۔

« Il y a aussi des vérités éternelles, telles que la Liberté, la Justice, etc. »

"ابدی سچائیاں بھی ہیں، جیسے آزادی، انصاف، وغیرہ"

« Ces vérités éternelles sont communes à tous les états de la société »

"یہ ابدی سچائیاں معاشرے کی تمام ریاستوں میں مشترک ہیں"

« Mais le communisme abolit les vérités éternelles, il abolit toute religion et toute morale »

لیکن کمیونزم ابدی سچائیوں کو ختم کر دیتا ہے، یہ تمام مذہب اور تمام اخلاقیات کو ختم کر دیتا ہے۔

« il fait cela au lieu de les constituer sur une nouvelle base »

"یہ انہیں ایک نئی بنیاد پر تشکیل دینے کے بجائے ایسا کرتا ہے"

« Elle agit donc en contradiction avec toute l'expérience historique passée »

لہٰذا یہ ماضی کے تمام تاریخی تجربات کے منافی ہے۔

À quoi se réduit cette accusation ?

یہ الزام خود کو کس چیز تک محدود کرتا ہے؟

L'histoire de toute la société passée a consisté dans le développement d'antagonismes de classe

ماضی کے تمام معاشروں کی تاریخ طبقاتی دشمنیوں کی نشوونما پر مشتمل رہی ہے۔

antagonismes qui ont pris des formes différentes selon les époques

دشمنیاں جنہوں نے مختلف ادوار میں مختلف شکلیں اختیار کیں

Mais quelle que soit la forme qu'ils aient prise, un fait est commun à tous les âges passés

لیکن انہوں نے جو بھی شکل اختیار کی ہو، ایک حقیقت پچھلی عمر کے تمام لوگوں کے لئے مشترک ہے۔

l'exploitation d'une partie de la société par l'autre

معاشرے کے ایک حصے کا دوسرے حصے کا استحصال

Il n'est donc pas étonnant que la conscience sociale des âges passés se meuve à l'intérieur de certaines formes communes ou d'idées générales

اس میں کوئی تعجب کی بات نہیں ہے کہ ماضی کا سماجی شعور کچھ عام شکلوں یا عام خیالات کے اندر گھومتا ہے۔

(et ce, malgré toute la multiplicité et la variété qu'il affiche)

(اور یہ تمام کثرت اور تنوع کے باوجود ہے جو اس میں ظاہر ہوتا ہے)

et ceux-ci ne peuvent disparaître complètement qu'avec la disparition totale des antagonismes de classe

اور طبقاتی دشمنیوں کے مکمل طور پر غائب ہونے کے سوا یہ مکمل طور پر ختم نہیں ہو سکتے۔

La révolution communiste est la rupture la plus radicale avec les rapports de propriété traditionnels

کمیونسٹ انقلاب روایتی جائیداد کے تعلقات کے ساتھ سب سے زیادہ انقلابی ٹوٹ پھوٹ ہے

Il n'est donc pas étonnant que son développement implique la rupture la plus radicale avec les idées traditionnelles

کوئی تعجب کی بات نہیں ہے کہ اس کی ترقی میں روایتی خیالات کے ساتھ سب سے زیادہ انقلابی ٹوٹ پھوٹ شامل ہے۔

Mais finissons-en avec les objections de la bourgeoisie contre le communisme

لیکن آئیے کمیونزم پر بورژوازی کے اعتراضات کے ساتھ کیا کریں

Nous avons vu plus haut le premier pas de la révolution de la classe ouvrière

ہم نے محنت کش طبقے کی طرف سے انقلاب کے پہلے قدم کو اوپر دیکھا ہے۔

Le prolétariat doit être élevé à la position de dirigeant, pour gagner la bataille de la démocratie

جمہوریت کی جنگ جیتنے کے لیے پرولتاریہ کو حکمران کے عہدے تک پہنچانا ہوگا

Le prolétariat usera de sa suprématie politique pour arracher peu à peu tout le capital à la bourgeoisie

پرولتاریہ اپنی سیاسی بالادستی کو استعمال کرتے ہوئے بورژوازی سے تمام سرمائے چھین لے گا۔

elle centralisera tous les instruments de production entre les mains de l'État

یہ پیداوار کے تمام آلات کو ریاست کے ہاتھوں میں مرکزیت دے گا۔

En d'autres termes, le prolétariat s'est organisé en classe dominante

دوسرے لفظوں میں، پرولتاریہ حکمران طبقے کے طور پر منظم ہوا

et elle augmentera le plus rapidement possible le total des forces productives

اور یہ جتنی جلدی ممکن ہو پیداواری قوتوں کی کل تعداد میں اضافہ کرے گا

Bien sûr, au début, cela ne peut se faire qu'au moyen d'incursions despotiques dans les droits de propriété

یقیناً، ابتدا ء میں، یہ جائیداد کے حقوق پر مطلق العنان مداخلت کے بغیر اثر انداز نہیں کیا جا سکتا ہے۔

et elle doit être réalisée dans les conditions de la production bourgeoise

اور اسے بورژوازی پیداوار کی شرائط پر حاصل کرنا ہوگا۔

Elle est donc réalisée au moyen de mesures qui semblent économiquement insuffisantes et intenables

لہذا یہ اقدامات کے ذریعہ حاصل کیا جاتا ہے ، جو معاشی طور پر ناکافی اور ناقابل برداشت دکھائی دیتے ہیں۔

mais ces moyens, dans le cours du mouvement, se dépassent d'eux-mêmes

لیکن ان کا مطلب یہ ہے کہ تحریک کے دوران خود کو پیچھے چھوڑ دیتے ہیں۔

elles nécessitent de nouvelles incursions dans l'ancien ordre social

انہیں پرانے سماجی نظام پر مزید قدم جمانے کی ضرورت ہے۔

et ils sont inévitables comme moyen de révolutionner entièrement le mode de production

اور وہ پیداوار کے طریقہ کار کو مکمل طور پر انقلاب ی شکل دینے کے ذریعہ کے طور پر ناگزیر ہیں۔

Ces mesures seront bien sûr différentes selon les pays

یہ اقدامات یقیناً مختلف ممالک میں مختلف ہوں گے۔

Néanmoins, dans les pays les plus avancés, ce qui suit sera assez généralement applicable

تاہم، سب سے زیادہ ترقی یافتہ ممالک میں، مندرجہ ذیل عام طور پر لاگو ہوں گے.

1. L'abolition de la propriété foncière et l'affectation de toutes les rentes foncières à des fins publiques.

زمین میں جائیداد کا خاتمہ اور عوامی مقاصد کے لئے زمین کے تمام کرایوں کا اطلاق۔

2. Un impôt sur le revenu progressif ou progressif lourd.

2. بھاری ترقی پسند یا گریجویٹ انکم ٹیکس.

3. Abolition de tout droit d'héritage.

3. وراثت کے تمام حقوق کا خاتمہ.

4. Confiscation des biens de tous les émigrés et rebelles.

4. تمام تارکین وطن اور باغیوں کی جائیداد ضبط کرنا.

5. Centralisation du crédit entre les mains de l'État, au moyen d'une banque nationale à capital d'État et monopole exclusif.

5. ریاست کے سرمائے اور خصوصی اجارہ داری کے ساتھ ایک قومی بینک کے ذریعے ریاست کے ہاتھوں میں کریڈٹ کی مرکزیت۔

6. Centralisation des moyens de communication et de transport entre les mains de l'État.

ریاست کے ہاتھوں میں مواصلات اور نقل و حمل کے ذرائع کی مرکزیت۔

7. Extension des usines et des instruments de production appartenant à l'État

۷. ریاست کی ملکیت والی فیکٹریوں اور پیداواری آلات کی توسیع

la mise en culture des terres incultes, et l'amélioration du sol en général d'après un plan commun.

بنجر زمینوں کی کاشت میں لانا، اور عام طور پر ایک مشترکہ منصوبے کے مطابق مٹی کی بہتری.

8. Responsabilité égale de tous vis-à-vis du travail

۸. مزدوروں کے لئے سب کی مساوی ذمہ داری

Mise en place d'armées industrielles, notamment pour l'agriculture.

صنعتی افواج کا قیام، خاص طور پر زراعت کے لئے۔

9. Combinaison de l'agriculture et des industries manufacturières

۹. مینوفیکچرنگ صنعتوں کے ساتھ زراعت کا امتزاج

l'abolition progressive de la distinction entre la ville et la campagne, par une répartition plus égale de la population sur le territoire.

شہر اور ملک کے درمیان فرق کو بتدریج ختم کرنا ، ملک بھر میں آبادی کی زیادہ قابل اعتماد تقسیم کے ذریعہ۔

10. Gratuité de l'éducation pour tous les enfants dans les écoles publiques.

سرکاری اسکولوں میں تمام بچوں کے لئے مفت تعلیم۔

Abolition du travail des enfants dans les usines sous sa forme actuelle

بچوں کی فیکٹریوں کی مزدوری کا موجودہ شکل میں خاتمہ

Combinaison de l'éducation et de la production industrielle

صنعتی پیداوار کے ساتھ تعلیم کا امتزاج

Quand, au cours du développement, les distinctions de classe ont disparu

جب ترقی کے دوران طبقاتی تفریق ختم ہو گئی ہے

et quand toute la production aura été concentrée entre les mains d'une vaste association de toute la nation

اور جب ساری پیداوار پوری قوم کی ایک وسیع انجمن کے ہاتھوں میں مرکوز ہو گئی ہو۔

alors la puissance publique perdra son caractère politique

پھر عوامی طاقت اپنا سیاسی کردار کھو دے گی۔

Le pouvoir politique, proprement dit, n'est que le pouvoir organisé d'une classe pour en opprimer une autre

سیاسی طاقت، جسے مناسب طور پر کہا جاتا ہے، صرف ایک طبقے کی منظم طاقت ہے جو دوسرے پر ظلم کرتی ہے۔

Si le prolétariat, dans sa lutte contre la bourgeoisie, est contraint, par la force des choses, de s'organiser en classe

اگر بورژوازی کے ساتھ اپنے مقابلے کے دوران پرولتاریہ حالات کے زور پر خود کو ایک طبقے کے طور پر منظم کرنے پر مجبور ہو جائے۔

si, par une révolution, elle se fait la classe dominante

اگر انقلاب کے ذریعے وہ خود کو حکمران طبقہ بنا لے۔

et, en tant que telle, elle balaie par la force les anciennes conditions de production

اور، اس طرح، یہ پیداوار کے پرانے حالات کو زبردستی ختم کر دیتا ہے

alors, avec ces conditions, elle aura balayé les conditions d'existence des antagonismes de classes et des classes en général

پھر اس نے ان حالات کے ساتھ ساتھ طبقاتی دشمنیوں اور عام طور پر طبقات کے وجود کے حالات کو ختم کر دیا ہوگا۔

et aura ainsi aboli sa propre suprématie en tant que classe.

اور اس طرح ایک طبقے کے طور پر اپنی بالادستی کو ختم کر دیں گے۔

A la place de l'ancienne société bourgeoise, avec ses classes et ses antagonismes de classes, nous aurons une association

پرانے بورژوازی معاشرے کی جگہ، اس کے طبقاتی اور طبقاتی دشمنیوں کے ساتھ، ہماری ایک انجمن ہوگی۔

une association dans laquelle le libre développement de chacun est la condition du libre développement de tous

ایک انجمن جس میں ہر ایک کی آزاد ترقی سب کی آزاد ترقی کے لئے شرط ہے

1) Le socialisme réactionnaire

رجعتی سوشلزم

a) Le socialisme féodal

الف) (جاگیردارانہ سوشلزم

les aristocraties de France et d'Angleterre avaient une position historique unique

فرانس اور انگلستان کی اریسٹوکریسیز کو ایک منفرد تاریخی مقام
حاصل تھا۔

c'est devenu leur vocation d'écrire des pamphlets contre la société bourgeoise moderne

جدید بورژوازی معاشرے کے خلاف پمفلٹ لکھنا ان کا پیشہ بن گیا۔

Dans la révolution française de juillet 1830 et dans l'agitation réformiste anglaise

جولائی 1830 کے فرانسیسی انقلاب میں ، اور انگریزوں کی
اصلاحاتی تحریک میں۔

Ces aristocraties succombèrent de nouveau à l'odieux parvenu

یہ آرسٹوکریسیز ایک بار پھر نفرت انگیز اپ اسٹارٹ کے سامنے
جھک گئے

Dès lors, il n'était plus question d'une lutte politique sérieuse

اس کے بعد، ایک سنجیدہ سیاسی مقابلہ مکمل طور پر سوال سے باہر
تھا۔

Tout ce qui restait possible, c'était une bataille littéraire, pas une véritable bataille

جو کچھ بھی ممکن رہا وہ ادبی جنگ تھی، حقیقی جنگ نہیں۔

Mais même dans le domaine de la littérature, les vieux cris de la période de la restauration étaient devenus impossibles

لیکن ادب کے میدان میں بھی بحالی کے دور کی پرانی چیخیں ناممکن
ہو چکی تھیں۔

Pour s'attirer la sympathie, l'aristocratie était obligée de perdre de vue, semble-t-il, ses propres intérêts

ہمدردی پیدا کرنے کے لیے اشرافیہ کو مجبور کیا گیا کہ وہ بظاہر
اپنے مفادات سے غافل ہو جائیں۔

et ils ont été obligés de formuler leur réquisitoire contre la bourgeoisie dans l'intérêt de la classe ouvrière exploitée

اور وہ استحصال زدہ محنت کش طبقے کے مفاد میں بورژوازی کے خلاف اپنی فرد جرم عائد کرنے کے پابند تھے۔

C'est ainsi que l'aristocratie prit sa revanche en chantant des pamphlets sur son nouveau maître

اس طرح اشرافیہ نے اپنے نئے آقا پر لیمپون گا کر اپنا بدلہ لے لیا۔

et ils prirent leur revanche en lui murmurant à l'oreille de sinistres prophéties de catastrophe à venir

اور انہوں نے اس کے کانوں میں آنے والی تباہی کی خوفناک پیشگوئیاں کرکے اپنا بدلہ لیا۔

C'est ainsi qu'est né le socialisme féodal : moitié lamentation, moitié moquerie

اس طرح جاگیردارانہ سوشلزم نے جنم لیا :آدھا ماتم، آدھا لیمپون

Il sonnait comme un demi-écho du passé, et projetait une demi-menace de l'avenir

یہ ماضی کی آدھی گونج کی طرح گونجتا ہے، اور مستقبل کے آدھے خطرے کی پیش گوئی کرتا ہے۔

parfois, par sa critique acerbe, spirituelle et incisive, il frappait la bourgeoisie au plus profond de lui-même

بعض اوقات، اپنی تلخ، مضحکہ خیز اور تیز تنقید کے ذریعے، اس نے بورژوازی کو دل کی گہرائیوں تک پہنچا دیا۔

mais elle a toujours été ridicule dans son effet, par l'incapacité totale de comprendre la marche de l'histoire moderne

لیکن یہ اپنے اثر میں ہمیشہ مضحکہ خیز تھا، جدید تاریخ کے سفر کو سمجھنے کی مکمل ناابلی کے ذریعے۔

L'aristocratie, pour rallier le peuple à elle, agitait le sac d'aumône prolétarien en guise de bannière

اشرافیہ نے لوگوں کو اپنی طرف راغب کرنے کے لیے ایک بینر کے سامنے پرولتاریہ کا بھیک بیگ لہرایا۔

Mais le peuple, toutes les fois qu'il se joignait à lui, voyait sur son arrière-train les anciennes armoiries féodales

لیکن لوگوں نے، جب وہ ان کے ساتھ شامل ہوتے تھے، اپنے پچھلے کوارٹرز پر پرانے جاگیردارانہ ہتھیاروں کے کوٹ دیکھے۔

et ils désertèrent avec des rires bruyants et irrévérencieux

اور وہ زور دار اور مضحکہ خیز ہنسی کے ساتھ وہاں سے چلے گئے۔

Une partie des légitimistes français et de la « Jeune
Angleterre » offrit ce spectacle

فرانسیسی قانون دانوں اور "ینگ انگلینڈ "کے ایک حصے نے اس
تماشے کی نمائش کی۔

les féodaux ont fait remarquer que leur mode d'exploitation
était différent de celui de la bourgeoisie

جاگیرداروں نے نشاندہی کی کہ ان کے استحصال کا طریقہ بورژوازی
سے مختلف ہے۔

Les féodaux oublient qu'ils ont exploité dans des
circonstances et des conditions tout à fait différentes

جاگیردار بھول جاتے ہیں کہ انہوں نے ان حالات اور حالات میں
استحصال کیا جو بالکل مختلف تھے۔

Et ils n'ont pas remarqué que de telles méthodes
d'exploitation sont maintenant désuètes

اور انہوں نے یہ نہیں دیکھا کہ استحصال کے ایسے طریقے اب پرانے
ہو چکے ہیں۔

Ils ont montré que, sous leur domination, le prolétariat
moderne n'a jamais existé

انہوں نے ظاہر کیا کہ ان کے دور حکومت میں جدید پرولتاریہ کا کبھی
وجود ہی نہیں تھا۔

mais ils oublient que la bourgeoisie moderne est le produit
nécessaire de leur propre forme de société

لیکن وہ یہ بھول جاتے ہیں کہ جدید بورژوازی ان کے اپنے معاشرے
کی ضروری اولاد ہے۔

Pour le reste, ils dissimulent à peine le caractère
réactionnaire de leur critique

باقی لوگوں کے لیے، وہ شاید ہی اپنی تنقید کے رجعتی کردار کو
چھپاتے ہیں۔

Leur principale accusation contre la bourgeoisie se résume à
ceci

بورژوازی کے خلاف ان کا سب سے بڑا الزام درج ذیل ہے۔

sous le régime bourgeois, une classe sociale se développe

بورژوازی حکومت کے تحت ایک سماجی طبقہ تیار ہو رہا ہے

Cette classe sociale est destinée à découper de fond en
comble l'ancien ordre de la société

یہ سماجی طبقہ معاشرے کے پرانے نظام کی جڑوں کو کاٹنے اور شاخیں توڑنے کا مقدر ہے۔

Ce qu'ils reprochent à la bourgeoisie, ce n'est pas tant qu'elle crée un prolétariat

وہ بورژوازی کو جس چیز سے متاثر کرتے ہیں وہ اتنا نہیں ہے کہ اس سے پرولتاریہ پیدا ہو۔

ce qu'ils reprochent à la bourgeoisie, c'est plutôt de créer un prolétariat révolutionnaire

انہوں نے بورژوازی کو جس چیز سے متاثر کیا وہ یہ ہے کہ اس سے ایک انقلابی پرولتاریہ پیدا ہوتا ہے۔

Dans la pratique politique, ils se joignent donc à toutes les mesures coercitives contre la classe ouvrière

لہٰذا سیاسی عمل میں وہ محنت کش طبقے کے خلاف تمام جبری اقدامات میں شامل ہو جاتے ہیں۔

Et dans la vie ordinaire, malgré leurs phrases hautaines, ils s'abaissent à ramasser les pommes d'or tombées de l'arbre de l'industrie

اور عام زندگی میں، اپنے اعلیٰ شہرت یافتہ جملے کے باوجود، وہ صنعت کے درخت سے گرائے گئے سنہری سیب اٹھانے کے لیے جھک جاتے ہیں۔

et ils troquent la vérité, l'amour et l'honneur contre le commerce de la laine, du sucre de betterave et de l'eau-de-vie de pommes de terre

اور وہ اون، چقندر کی چینی اور آلو کی روحوں میں تجارت کے لئے سچائی، محبت اور عزت کا تبادلہ کرتے ہیں۔

De même que le pasteur a toujours marché main dans la main avec le propriétaire foncier, il en a été de même du socialisme clérical et du socialisme féodal

،جس طرح پارسن نے کبھی جاگیردار کے ساتھ ہاتھ ملا کر کام کیا ہے اسی طرح جاگیردارانہ سوشلزم کے ساتھ کلیریکل سوشلزم بھی ہوا ہے۔

Rien n'est plus facile que de donner à l'ascétisme chrétien une teinte socialiste

مسیحی توحید کو سوشلسٹ رنگ دینے سے زیادہ آسان کچھ بھی نہیں ہے

Le christianisme n'a-t-il pas déclamé contre la propriété privée, contre le mariage, contre l'État ?

کیا مسیحیت نے نجی املاک، شادی کے خلاف اور ریاست کے خلاف دعویٰ نہیں کیا؟

Le christianisme n'a-t-il pas prêché à la place de la charité et de la pauvreté ?

کیا مسیحیت نے ان کی جگہ خیرات اور غربت کی تبلیغ نہیں کی؟

Le christianisme ne prêche-t-il pas le célibat et la mortification de la chair, de la vie monastique et de l'Église mère ?

کیا مسیحیت برہمچاری اور جسم، خانقاہی زندگی اور مدر چرچ کی تدفین کی تبلیغ نہیں کرتی؟

Le socialisme chrétien n'est que l'eau bénite avec laquelle le prêtre consacre les brûlures du cœur de l'aristocrate

عیسائی سوشلزم صرف وہ مقدس پانی ہے جس سے پادری اشرافیہ کے دل کی جلن کو مقدس بناتا ہے۔

b) Le socialisme petit-bourgeois

ب) پیٹی بورژوا اشتراکیت

L'aristocratie féodale n'est pas la seule classe ruinée par la bourgeoisie

جاگیرداران اشرافیہ واحد طبقہ نہیں تھا جسے بورژوازی نے تباہ کر دیا تھا۔

ce n'était pas la seule classe dont les conditions d'existence languissaient et périssaient dans l'atmosphère de la société bourgeoise moderne

یہ واحد طبقہ نہیں تھا جس کے وجود کے حالات جدید بورژوازی معاشرے کے ماحول میں ختم اور تباہ ہو گئے۔

Les bourgeois médiévaux et les petits propriétaires paysans ont été les précurseurs de la bourgeoisie moderne

قرون وسطی کے برجیس اور چھوٹے کسان مالکان جدید بورژوازی کے پیش رو تھے۔

Dans les pays peu développés, tant au point de vue industriel que commercial, ces deux classes végètent encore côte à côte

ان ممالک میں جو صنعتی اور تجارتی طور پر بہت کم ترقی یافتہ ہیں، یہ دونوں طبقات اب بھی ایک دوسرے کے شانہ بشانہ رہتے ہیں۔

et pendant ce temps, la bourgeoisie se lève à côté d'eux : industriellement, commercialement et politiquement

اور اس دوران بورژوازی ان کے بغل میں کھڑی ہو گئی :صنعتی، تجارتی اور سیاسی طور پر۔

Dans les pays où la civilisation moderne s'est pleinement développée, une nouvelle classe de petite bourgeoisie s'est formée

جن ممالک میں جدید تہذیب مکمل طور پر ترقی یافتہ ہو چکی ہے، وہاں چھوٹی بورژوازی کا ایک نیا طبقہ تشکیل پا چکا ہے۔

cette nouvelle classe sociale oscille entre le prolétariat et la bourgeoisie

یہ نیا سماجی طبقہ پرولتاریہ اور بورژوازی کے درمیان اتار چڑھاؤ کرتا ہے

et elle se renouvelle sans cesse en tant que partie supplémentaire de la société bourgeoise

اور یہ ہمیشہ بورژوازی معاشرے کے ایک ضمنی حصے کے طور پر خود کو تجدید کرتا رہتا ہے۔

Cependant, les membres individuels de cette classe sont constamment précipités dans le prolétariat

تاہم، اس طبقے کے انفرادی ارکان کو مسلسل پرولتاریہ میں پھینکدیا جا رہا ہے۔

ils sont aspirés par le prolétariat par l'action de la concurrence

انہیں مسابقت کے عمل کے ذریعے پرولتاریہ کے ذریعے چوس لیا جاتا ہے

Au fur et à mesure que l'industrie moderne se développe, ils voient même approcher le moment où ils disparaîtront complètement en tant que section indépendante de la société moderne

جیسے جیسے جدید صنعت ترقی کرتی ہے وہ وہ لمحہ بھی قریب آتے ہوئے دیکھتے ہیں جب وہ جدید معاشرے کے ایک آزاد حصے کے طور پر مکمل طور پر غائب ہوجائیں گے۔

ils seront remplacés, dans les manufactures, l'agriculture et le commerce, par des surveillants, des huissiers et des boutiquiers

ان کی جگہ مینوفیکچرنگ، زراعت اور تجارت میں نظر انداز کرنے والے، بیلف اور دکاندار لے لیں گے۔

Dans des pays comme la France, où les paysans représentent bien plus de la moitié de la population

فرانس جیسے ممالک میں، جہاں کسان آبادی کا نصف سے کہیں زیادہ ہیں

il était naturel qu'il y ait des écrivains qui se rangent du côté du prolétariat contre la bourgeoisie

یہ فطری بات تھی کہ ایسے لکھاری موجود ہیں جو بورژوازی کے خلاف پرولتاریہ کا ساتھ دیتے ہیں۔

dans leur critique du régime bourgeois, ils utilisaient l'étendard de la bourgeoisie paysanne et de la petite bourgeoisie

بورژوازی حکومت پر تنقید میں انہوں نے کسان اور پیٹی بورژوازی کے معیار کو استعمال کیا۔

et, du point de vue de ces classes intermédiaires, ils prennent le relais de la classe ouvrière

اور ان درمیانی طبقوں کے نقطہ نظر سے وہ محنت کش طبقے کے لئے کڈجیل اٹھاتے ہیں۔

C'est ainsi qu'est né le socialisme petit-bourgeois, dont Sismondi était le chef de cette école, non seulement en France, mais aussi en Angleterre

اس طرح پیٹی بورژوازی سوشلزم پیدا ہوا ، جس کے سیسموندی اس اسکول کے سربراہ تھے ، نہ صرف فرانس میں بلکہ انگلستان میں بھی۔

Cette école du socialisme a disséqué avec une grande acuité les contradictions des conditions de la production moderne

سوشلزم کے اس مکتب فکر نے جدید پیداوار کے حالات میں تضادات کو بڑی شدت کے ساتھ تقسیم کیا۔

Cette école a mis à nu les excuses hypocrites des économistes

اس مکتب فکر نے ماہرین معاشیات کی منافقانہ معذرت کو بے نقاب کر دیا

Cette école prouva sans conteste les effets désastreux du machinisme et de la division du travail

اس اسکول نے مشینری اور مزدوروں کی تقسیم کے تباہ کن اثرات کو ناقابل تردید طور پر ثابت کیا۔

elle prouvait la concentration du capital et de la terre entre quelques mains

اس نے چند ہاتھوں میں سرمائے اور زمین کے ارتکاز کو ثابت کیا۔

elle a prouvé comment la surproduction conduit à des crises bourgeoises

اس نے ثابت کیا کہ کس طرح زیادہ پیداوار بورژوازی بحران کا باعث بنتی ہے

il soulignait la ruine inévitable de la petite bourgeoisie et des paysans

اس نے چھوٹے بورژوازی اور کسانوں کی ناگزیر تباہی کی نشاندہی کی۔

la misère du prolétariat, l'anarchie de la production, les inégalités criantes dans la répartition des richesses

پرولتاریہ کی بدحالی، پیداوار میں انتشار، دولت کی تقسیم میں بڑھتی ہوئی عدم مساوات

Il a montré comment le système de production mène la guerre industrielle d'extermination entre les nations

اس سے پتہ چلتا ہے کہ کس طرح پیداوار کا نظام قوموں کے مابین تباہی کی صنعتی جنگ کی قیادت کرتا ہے۔

la dissolution des vieux liens moraux, des vieilles relations familiales, des vieilles nationalités

پرانے اخلاقی رشتوں، پرانے خاندانی تعلقات، پرانی قومیتوں کی تحلیل

Dans ses objectifs positifs, cependant, cette forme de socialisme aspire à réaliser l'une des deux choses suivantes

تاہم، اپنے مثبت مقاصد میں، سوشلزم کی یہ شکل دو چیزوں میں سے ایک کو حاصل کرنے کی خواہش رکھتی ہے.

soit elle vise à restaurer les anciens moyens de production et d'échange

یا تو اس کا مقصد پیداوار اور تبادلے کے پرانے ذرائع کو بحال کرنا ہے

et avec les anciens moyens de production, elle rétablirait les anciens rapports de propriété et l'ancienne société

اور پیداوار کے پرانے ذرائع سے یہ پرانے جائیداد کے تعلقات اور پرانے معاشرے کو بحال کرے گا۔

ou bien elle vise à enfermer les moyens modernes de production et d'échange dans l'ancien cadre des rapports de propriété

یا اس کا مقصد پیداوار اور تبادلے کے جدید ذرائع کو جائیداد کے تعلقات کے پرانے فریم ورک میں شامل کرنا ہے۔

Dans un cas comme dans l'autre, elle est à la fois réactionnaire et utopique

دونوں صورتوں میں، یہ رجعتی اور یوٹوپیائی دونوں ہے۔

Ses derniers mots sont : guildes corporatives pour la fabrication, relations patriarcales dans l'agriculture

اس کے آخری الفاظ یہ ہیں :مینوفیکچرنگ کے لئے کارپوریٹ گلڈز، زراعت میں پدرسری تعلقات

En fin de compte, lorsque les faits historiques obstinés ont dispersé tous les effets enivrants de l'auto-tromperie

آخر کار، جب ضدی تاریخی حقائق نے خود فریبی کے تمام نشہ آور اثرات کو منتشر کر دیا تھا۔

cette forme de socialisme se termina par un misérable accès
de pitié

سوشلزم کی یہ شکل افسوس ناک حالت میں ختم ہوئی۔

c) Le socialisme allemand, ou « vrai »

ج (جرمن، یا "سچ"، سوشلزم

La littérature socialiste et communiste de France est née sous la pression d'une bourgeoisie au pouvoir

فرانس کا سوشلسٹ اور کمیونسٹ ادب برسراقتدار بورژوازی کے دباؤ میں پیدا ہوا۔

Et cette littérature était l'expression de la lutte contre ce pouvoir

اور یہ ادب اس طاقت کے خلاف جدوجہد کا اظہار تھا۔

elle a été introduite en Allemagne à une époque où la bourgeoisie venait de commencer sa lutte contre l'absolutisme féodal

اسے جرمنی میں ایک ایسے وقت میں متعارف کرایا گیا تھا جب بورژوازی نے جاگیردارانہ آمریت کے ساتھ اپنا مقابلہ شروع کیا تھا۔

Les philosophes allemands, les prétendus philosophes et les beaux esprits, s'emparèrent avidement de cette littérature

جرمن فلسفی، فلسفی اور بیکس مصنفین نے اس لٹریچر پر گہری دلچسپی سے غور کیا۔

mais ils oubliaient que les écrits avaient émigré de France en Allemagne sans apporter avec eux les conditions sociales françaises

لیکن وہ بھول گئے کہ فرانسیسی سماجی حالات کو ساتھ لائے بغیر یہ تحریریں فرانس سے جرمنی منتقل ہوئیں۔

Au contact des conditions sociales allemandes, cette littérature française perd toute sa signification pratique immédiate

جرمن سماجی حالات سے رابطے میں یہ فرانسیسی ادب اپنی تمام فوری عملی اہمیت کھو بیٹھا۔

et la littérature communiste de France a pris un aspect purement littéraire dans les cercles académiques allemands

اور فرانس کے کمیونسٹ ادب نے جرمن تعلیمی حلقوں میں خالص ادبی پہلو اختیار کر لیا۔

Ainsi, les exigences de la première Révolution française n'étaient rien d'autre que les exigences de la « raison pratique »

اس طرح ، پہلے فرانسیسی انقلاب کے مطالبات "عملی وجہ "کے مطالبات سے زیادہ کچھ نہیں تھے۔

et l'expression de la volonté de la bourgeoisie française révolutionnaire signifiait à leurs yeux la loi de la volonté pure

اور انقلابی فرانسیسی بورژوازی کی مرضی کے اظہار نے ان کی آنکھوں میں خالص ارادے کے قانون کی نشاندہی کی۔

il signifiait la Volonté telle qu'elle devait être ; de la vraie Volonté humaine en général

اس نے وصیت کو اس طرح ظاہر کیا جیسا کہ یہ لازمی تھا۔ عام طور پر سچے انسان کی مرضی

Le monde des lettrés allemands ne consistait qu'à mettre les nouvelles idées françaises en harmonie avec leur ancienne conscience philosophique

جرمن ادب کی دنیا صرف نئے فرانسیسی نظریات کو ان کے قدیم فلسفیانہ ضمیر کے ساتھ ہم آہنگ کرنے پر مشتمل تھی۔

ou plutôt, ils ont annexé les idées françaises sans déserter leur propre point de vue philosophique

یا اس کے بجائے، انہوں نے اپنے فلسفیانہ نقطہ نظر کو چھوڑے بغیر فرانسیسی نظریات کو ضم کر لیا۔

Cette annexion s'est faite de la même manière que l'on s'approprie une langue étrangère, c'est-à-dire par la traduction

یہ الحاق اسی طرح ہوا جس طرح کسی غیر ملکی زبان کا استعمال کیا جاتا ہے، یعنی ترجمہ کے ذریعے۔

Il est bien connu comment les moines ont écrit des vies stupides de saints catholiques sur des manuscrits

یہ سب جانتے ہیں کہ کس طرح راہبوں نے مخطوطات پر کیتھولک سنتوں کی احمقانہ زندگیاں لکھیں۔

les manuscrits sur lesquels les œuvres classiques de l'ancien paganisme avaient été écrites

وہ مخطوطات جن پر قدیم ہیتھنڈوم کے کلاسیکی کام لکھے گئے تھے۔

Les lettrés allemands ont inversé ce processus avec la littérature française profane

جرمن ادب نے اس عمل کو اس فرانسیسی ادب کے ساتھ الٹ دیا۔

Ils ont écrit leurs absurdités philosophiques sous l'original français

انہوں نے فرانسیسی اصل کے نیچے اپنی فلسفیانہ فضول باتیں لکھیں۔

Par exemple, sous la critique française des fonctions économiques de l'argent, ils ont écrit « L'aliénation de l'humanité »

مثال کے طور پر ، پیسے کے معاشی افعال پر فرانسیسی تنقید کے نیچے ، انہوں نے "انسانیت کی علیحدگی "لکھا۔

au-dessous de la critique française de l'État bourgeois, ils écrivaient « détrônement de la catégorie du général »

بورژوازی ریاست پر فرانسیسی تنقید کے نیچے انہوں نے "جنرل کے زمرے کا تختہ الٹنا "لکھا۔

L'introduction de ces phrases philosophiques à la fin des critiques historiques françaises qu'ils ont baptisées :

فرانسیسی تاریخی تنقید کے پیچھے ان فلسفیانہ فقروں کا تعارف جسے انہوں نے کہا:

« Philosophie de l'action », « Vrai socialisme », « Science allemande du socialisme », « Fondement philosophique du socialisme », etc

"فلسفہ عمل"، "حقیقی سوشلزم"، "سوشلزم کی جرمن سائنس" "سوشلزم کی فلسفیانہ بنیاد"، اور اسی طرح"

La littérature socialiste et communiste française est ainsi complètement émasculée

اس طرح فرانسیسی سوشلسٹ اور کمیونسٹ ادب مکمل طور پر ختم ہو گیا۔

entre les mains des philosophes allemands, elle cessa d'exprimer la lutte d'une classe contre l'autre

جرمن فلسفیوں کے ہاتھوں میں اس نے ایک طبقے کی دوسرے طبقے کے ساتھ جدوجہد کا اظہار کرنا بند کر دیا۔

et c'est ainsi que les philosophes allemands se sentaient conscients d'avoir surmonté « l'unilatéralité française »

اور اس طرح جرمن فلسفیوں نے "فرانسیسی یک طرفہت "پر قابو پانے کا شعور محسوس کیا۔

Il n'avait pas à représenter de vraies exigences, mais plutôt des exigences de vérité

اسے حقیقی تقاضوں کی نمائندگی کرنے کی ضرورت نہیں تھی ، بلکہ
یہ سچائی کے تقاضوں کی نمائندگی کرتا تھا۔ ،

il n'y avait pas d'intérêt pour le prolétariat, mais plutôt pour la nature humaine

پرولتاریہ میں کوئی دلچسپی نہیں تھی، بلکہ انسانی فطرت میں دلچسپی
تھی۔

l'intérêt était dans l'Homme en général, qui n'appartient à aucune classe et n'a pas de réalité

دلچسپی عام طور پر انسان پر تھی ، جس کا تعلق کسی طبقے سے
نہیں ہے ، اور اس کی کوئی حقیقت نہیں ہے۔

un homme qui n'existe que dans le royaume brumeux de la fantaisie philosophique

ایک آدمی جو صرف فلسفیانہ تصور کے دھندلے دائرے میں موجود
ہے

mais finalement, ce socialisme allemand d'écolier perd aussi son innocence pédante

لیکن آخر کار اس سکول کے طالب علم جرمن سوشلزم نے بھی اپنی
بے گناہی کھو دی۔

la bourgeoisie allemande, et surtout la bourgeoisie prussienne, luttait contre l'aristocratie féodale

جرمن بورژوازی اور خاص طور پر پروشیا بورژوازی نے
جاگیردارانہ اشرافیہ کے خلاف لڑائی لڑی۔

la monarchie absolue de l'Allemagne et de la Prusse était également combattue

جرمنی اور پروشیا کی مطلق بادشاہت کے خلاف بھی بغاوت کی جا
رہی تھی۔

Et à son tour, la littérature du mouvement libéral est également devenue plus sérieuse

اور اس کے نتیجے میں لبرل تحریک کا ادب بھی زیادہ سنجیدہ ہو گیا۔

L'Allemagne a eu l'occasion longtemps souhaitée par le « vrai » socialisme de se voir offrir

جرمنی میں "حقیقی "سوشلزم کے لئے دیرینہ موقع پیش کیا گیا

l'occasion de confronter le mouvement politique aux revendications socialistes

سوشلسٹ مطالبات کے ساتھ سیاسی تحریک کا مقابلہ کرنے کا موقع

l'occasion de jeter les anathèmes traditionnels contre le
libéralisme

لبرل ازم کے خلاف روایتی انتھیما پھینکنے کا موقع

l'occasion d'attaquer le gouvernement représentatif et la
concurrence bourgeoise

نمائندہ حکومت اور بورژوازی مسابقت پر حملہ کرنے کا موقع

Liberté de la presse bourgeoise, législation bourgeoise,
liberté et égalité bourgeoise

بورژوازی کی پریس کی آزادی، بورژوازی قانون سازی، بورژوازی
کی آزادی اور مساوات

Tout cela pourrait maintenant être critiqué dans le monde
réel, plutôt que dans la fantaisie

ان کو اب تصور کے بجائے حقیقی دنیا میں تنقید کا نشانہ بنایا جا
سکتا ہے۔

L'aristocratie féodale et la monarchie absolue prêchaient
depuis longtemps aux masses

جاگیردارانہ اشرافیہ اور مطلق العنان بادشاہت نے طویل عرصے سے
عوام کو تبلیغ کی تھی۔

« L'ouvrier n'a rien à perdre, et il a tout à gagner »

محنت کش آدمی کے پاس کھونے کے لئے کچھ نہیں ہے، اور اس"
"کے پاس حاصل کرنے کے لئے سب کچھ ہے

le mouvement bourgeois offrait aussi une chance de se
confronter à ces platitudes

بورژوازی تحریک نے بھی ان سازشوں کا مقابلہ کرنے کا موقع فراہم
کیا۔

la critique française présupposait l'existence d'une société
bourgeoise moderne

فرانسیسی تنقید نے جدید بورژوازی معاشرے کے وجود کو پیش نظر
رکھا

Conditions économiques d'existence de la bourgeoisie et
constitution politique de la bourgeoisie

بورژوازی کے وجود کے معاشی حالات اور بورژوازی سیاسی آئین

les choses mêmes dont la réalisation était l'objet de la lutte
imminente en Allemagne

وہی چیزیں جن کا حصول جرمنی میں زیر التوا جدوجہد کا مقصد تھا

L'écho stupide du socialisme en Allemagne a abandonné ces objectifs juste à temps

جرمنی میں سوشلزم کی احمقانہ گونج نے وقت گزرنے کے ساتھ ہی ان اہداف کو ترک کر دیا۔

Les gouvernements absolus avaient leur suite de pasteurs, de professeurs, d'écuyers de campagne et de fonctionnaires

مطلق العنان حکومتوں کے پاس پارسنز، پروفیسرز، کنٹری اسکوائرز اور افسران کی پیروی تھی۔

le gouvernement de l'époque a répondu aux soulèvements de la classe ouvrière allemande par des coups de fouet et des balles

اس وقت کی حکومت نے جرمن محنت کش طبقے کے ابھرتے ہوئے لوگوں کو کوڑے مارنے اور گولیوں سے نمٹا۔

pour eux, ce socialisme était un épouvantail bienvenu contre la bourgeoisie menaçante

ان کے لیے اس سوشلزم نے خطرے سے دوچار بورژوازی کے خلاف ایک خوش آئند خوف کا کام کیا۔

et le gouvernement allemand a pu offrir un dessert sucré après les pilules amères qu'il a distribuées

اور جرمن حکومت کڑوی گولیاں دینے کے بعد میٹھی مٹھائی پیش کرنے میں کامیاب ہو گئی۔

ce « vrai » socialisme servait donc aux gouvernements d'arme pour combattre la bourgeoisie allemande

اس طرح اس "حقیقی "سوشلزم نے جرمن بورژوازی سے لڑنے کے لئے حکومتوں کو ایک ہتھیار کے طور پر کام کیا۔

et, en même temps, il représentait directement un intérêt réactionnaire ; celle des Philistins allemands

اور، ایک ہی وقت میں، یہ براہ راست ایک رجعتی دلچسپی کی نمائندگی کرتا ہے۔ جرمن فلسطینیوں کے بارے میں

En Allemagne, la petite bourgeoisie est la véritable base sociale de l'état de choses actuel

جرمنی میں پیٹی بورژوازی طبقہ موجودہ حالات کی حقیقی سماجی بنیاد ہے۔

une relique du XVIe siècle qui n'a cessé de surgir sous diverses formes

سولہویں صدی کا ایک سلسلہ جو مسلسل مختلف شکلوں میں ابھر رہا ہے

Conserver cette classe, c'est préserver l'état de choses existant en Allemagne

اس طبقے کو محفوظ رکھنے کا مطلب جرمنی میں موجودہ حالات کو برقرار رکھنا ہے۔

La suprématie industrielle et politique de la bourgeoisie menace la petite bourgeoisie d'une destruction certaine

بورژوازی کی صنعتی اور سیاسی بالادستی چھوٹے بورژوازی کو کچھ تباہی کے ساتھ خطرہ ہے

d'une part, elle menace de détruire la petite bourgeoisie par la concentration du capital

ایک طرف، یہ سرمائے کے ارتکاز کے ذریعے چھوٹی بورژوازی کو تباہ کرنے کی دھمکی دیتا ہے

d'autre part, la bourgeoisie menace de la détruire par l'avènement d'un prolétariat révolutionnaire

دوسری طرف بورژوازی ایک انقلابی پرولتاریہ کے عروج کے ذریعے اسے تباہ کرنے کی دھمکی دیتی ہے۔

Le « vrai » socialisme semblait faire d'une pierre deux coups. Il s'est répandu comme une épidémie

سچا "سوشلزم ان دونوں پرندوں کو ایک پتھر سے مارتا دکھائی دیا۔" یہ ایک وبا کی طرح پھیل گیا

La robe de toiles d'araignées spéculatives, brodée de fleurs de rhétorique, trempée dans la rosée du sentiment maladif

قیاس آرائیوں پر مبنی جالوں کا لباس، جو بیان بازی کے پھولوں سے کڑھائی کی گئی تھی، بیمار جذبات کی اوس میں ڈوبی ہوئی تھی۔

cette robe transcendantale dans laquelle les socialistes allemands enveloppaient leurs tristes « vérités éternelles »

یہ روحانی لباس جس میں جرمن سوشلسٹوں نے اپنی افسوسناک "ابدی سچائیوں "کو لپیٹ رکھا تھا۔

tout de peau et d'os, servaient à augmenter merveilleusement la vente de leurs marchandises auprès d'un public aussi

تمام جلد اور بڈیاں، ایسے عوام کے درمیان اپنے سامان کی فروخت کو حیرت انگیز طور پر بڑھانے کے لئے پیش کیا جاتا ہے

Et de son côté, le socialisme allemand reconnaissait de plus en plus sa propre vocation

اور اپنی طرف سے ، جرمن سوشلزم نے ، زیادہ سے زیادہ ، اپنی ہی کال کو تسلیم کیا۔

on l'appelait à être le représentant grandiloquent de la petite-bourgeoisie philistine

اسے پیٹی بورژوازی فلسطینیوں کا مبماسٹک نمائندہ کہا جاتا تھا۔

Il proclamait que la nation allemande était la nation modèle, et le petit philistin allemand l'homme modèle

اس نے جرمن قوم کو ماڈل قوم قرار دیا، اور جرمن پیٹی فلسطینی کو ماڈل مین قرار دیا۔

À chaque méchanceté de cet homme modèle, elle donnait une interprétation socialiste cachée, plus élevée

اس ماڈل انسان کے ہر ولن کو اس نے ایک پوشیدہ، اعلیٰ، سوشلسٹ تشریح دی۔

cette interprétation socialiste supérieure était l'exact contraire de son caractère réel

یہ اعلیٰ، سوشلسٹ تشریح اس کے حقیقی کردار کے بالکل برعکس تھی۔

Il est allé jusqu'à s'opposer directement à la tendance « brutalement destructrice » du communisme

یہ کمیونزم کے "وحشیانہ تباہ کن "رجحان کی براہ راست مخالفت کرنے کی انتہائی حد تک چلا گیا۔

et il proclamait son mépris suprême et impartial de toutes les luttes de classes

اور اس نے تمام طبقاتی جدوجہد کی اپنی اعلیٰ اور غیر جانبدارانہ توبین کا اعلان کیا۔

À de très rares exceptions près, toutes les publications dites socialistes et communistes qui circulent aujourd'hui (1847) en Allemagne appartiennent au domaine de cette littérature nauséabonde et énervante

بہت کم مستثنیات کو چھوڑ کر، جرمنی میں اب)1847 (گردش کرنے والی تمام نام نہاد سوشلسٹ اور کمیونسٹ اشاعتیں اس فضول اور مضحکہ خیز ادب کے دائرہ کار سے تعلق رکھتی ہیں۔

2) Le socialisme conservateur ou le socialisme bourgeois

قدامت پسند سوشلزم، یا بورژوازی سوشلزم

Une partie de la bourgeoisie est désireuse de redresser les griefs sociaux

بورژوازی کا ایک حصہ سماجی شکایات کے ازالے کا خواہاں ہے۔

afin d'assurer la pérennité de la société bourgeoise

بورژوازی معاشرے کے مسلسل وجود کو محفوظ بنانے کے لئے

C'est à cette section qu'appartiennent les économistes, les philanthropes, les humanitaires

اس حصے میں ماہرین معاشیات، مخیر حضرات، انسان دوست افراد شامل ہیں۔

améliorateurs de la condition de la classe ouvrière et organisateurs de la charité

محنت کش طبقے کی حالت کو بہتر بنانے والے اور خیرات کے منتظمین

membres des sociétés de prévention de la cruauté envers les animaux

جانوروں پر ظلم کی روک تھام کے لئے سوسائٹیوں کے ارکان

fanatiques de la tempérance, réformateurs de toutes sortes imaginables

تذبذب کے جنونی، ہر قسم کے مصلحین

Cette forme de socialisme a, d'ailleurs, été élaborée en systèmes complets

اس کے علاوہ سوشلزم کی اس شکل کو مکمل نظام وں میں ڈھال دیا گیا ہے۔

On peut citer la « Philosophie de la Misère » de Proudhon comme exemple de cette forme

ہم اس شکل کی ایک مثال کے طور پر پراؤڈن کے "فلسفے ڈی لا میسر "کا حوالہ دے سکتے ہیں۔

La bourgeoisie socialiste veut tous les avantages des conditions sociales modernes

سوشلسٹ بورژوازی جدید سماجی حالات کے تمام فوائد چاہتی ہے

mais la bourgeoisie socialiste ne veut pas nécessairement des luttes et des dangers qui en résultent

لیکن سوشلسٹ بورژوازی لازمی طور پر اس کے نتیجے میں ہونے والی جدوجہد اور خطرات نہیں چاہتے ہیں۔

Ils désirent l'état actuel de la société, sans ses éléments révolutionnaires et désintégrateurs

وہ معاشرے کی موجودہ حالت چاہتے ہیں، اس کے انقلابی اور منتشر عناصر کو چھوڑ کر

c'est-à-dire qu'ils veulent une bourgeoisie sans prolétariat

دوسرے لفظوں میں، وہ پرولتاریہ کے بغیر بورژوازی چاہتے ہیں

La bourgeoisie conçoit naturellement le monde dans lequel elle est souveraine d'être la meilleure

بورژوازی فطری طور پر اس دنیا کا تصور کرتی ہے جس میں بہترین ہونا سب سے اوپر ہے۔

et le socialisme bourgeois développe cette conception confortable en divers systèmes plus ou moins complets

اور بورژوازی سوشلزم اس آرام دہ تصور کو کم و بیش مکمل نظاموں میں تیار کرتا ہے۔

ils voudraient beaucoup que le prolétariat marche droit dans la Nouvelle Jérusalem sociale

وہ بہت پسند کریں گے کہ پرولتاریہ براہ راست سماجی نئے یروشلم کی طرف مارچ کرے۔

Mais en réalité, elle exige du prolétariat qu'il reste dans les limites de la société existante

لیکن حقیقت میں اس کے لئے پرولتاریہ کو موجودہ معاشرے کی حدود میں رہنے کی ضرورت ہے۔

ils demandent au prolétariat de se débarrasser de toutes ses idées haineuses sur la bourgeoisie

وہ پرولتاریہ سے کہتے ہیں کہ بورژوازی کے بارے میں ان کے تمام نفرت انگیز خیالات کو ترک کر دیا جائے۔

il y a une seconde forme plus pratique, mais moins systématique, de ce socialisme

اس سوشلزم کی ایک دوسری زیادہ عملی لیکن کم منظم شکل ہے۔

Cette forme de socialisme cherchait à déprécier tout mouvement révolutionnaire aux yeux de la classe ouvrière

سوشلزم کی اس شکل نے محنت کش طبقے کی نظروں میں ہر انقلابی تحریک کو کمزور کرنے کی کوشش کی۔

Ils soutiennent qu'aucune simple réforme politique ne pourrait leur être d'un quelconque avantage

ان کا کہنا ہے کہ محض سیاسی اصلاحات سے ان کو کوئی فائدہ نہیں ہو سکتا۔

Seul un changement dans les conditions matérielles d'existence dans les relations économiques est bénéfique

معاشی تعلقات میں وجود کے مادی حالات میں تبدیلی ہی فائدہ مند ہے۔

Comme le communisme, cette forme de socialisme prône un changement des conditions matérielles d'existence

کمیونزم کی طرح ، سوشلزم کی یہ شکل وجود کے مادی حالات میں تبدیلی کی وکالت کرتی ہے۔

Cependant, cette forme de socialisme ne suggère nullement l'abolition des rapports de production bourgeois

تاہم ، سوشلزم کی یہ شکل کسی بھی طرح سے بورژوازی کے پیداواری تعلقات کے خاتمے کی تجویز نہیں دیتی ہے۔

l'abolition des rapports de production bourgeois ne peut se faire que par la révolution

بورژوازی کے پیداواری تعلقات کا خاتمہ صرف انقلاب کے ذریعے ہی حاصل کیا جا سکتا ہے۔

Mais au lieu d'une révolution, cette forme de socialisme suggère des réformes administratives

لیکن انقلاب کے بجائے سوشلزم کی یہ شکل انتظامی اصلاحات تجویز کرتی ہے۔

et ces réformes administratives seraient fondées sur la pérennité de ces relations

اور یہ انتظامی اصلاحات ان تعلقات کے مسلسل وجود پر مبنی ہوں گی۔

réformes qui n'affectent en rien les rapports entre le capital et le travail

لہٰذا ایسی اصلاحات جن سے سرمائے اور محنت کے درمیان تعلقات پر کوئی اثر نہ پڑے۔

au mieux, de telles réformes réduisent le coût et simplifient le travail administratif du gouvernement bourgeois

زیادہ سے زیادہ، اس طرح کی اصلاحات لاگت کو کم کرتی ہیں اور بورژوازی حکومت کے انتظامی کام کو آسان بناتی ہیں۔

Le socialisme bourgeois atteint une expression adéquate lorsque, et seulement lorsque, il devient une simple figure de style

بورژوا سوشلزم مناسب اظہار حاصل کرتا ہے، جب، اور صرف اسی وقت، جب، یہ محض تقریر کی ایک شخصیت بن جاتا ہے

Le libre-échange : au profit de la classe ouvrière

آزاد تجارت :محنت کش طبقے کے فائدے کے لئے

Les devoirs protecteurs : au profit de la classe ouvrière

حفاظتی فرائض :محنت کش طبقے کے فائدے کے لئے

Réforme pénitentiaire : au profit de la classe ouvrière

جیل اصلاحات :محنت کش طبقے کے فائدے کے لیے

C'est le dernier mot et le seul mot sérieux du socialisme bourgeois

یہ بورژوازی سوشلزم کا آخری لفظ اور واحد سنجیدہ لفظ ہے۔

Elle se résume dans la phrase : la bourgeoisie est une bourgeoisie au profit de la classe ouvrière

اس کا خلاصہ اس جملے میں کیا گیا ہے :بورژوازی محنت کش طبقے کے فائدے کے لئے بورژوازی ہے۔

3) Socialisme et communisme utopiques critiques

تنقیدی یوٹوپیائی سوشلزم اور کمیونزم

Nous ne nous référons pas ici à la littérature qui a toujours donné la parole aux revendications du prolétariat

ہم یہاں اس ادب کا ذکر نہیں کرتے جس نے ہمیشہ پرولتاریہ کے مطالبات کو آواز دی ہو۔

cela a été présent dans toutes les grandes révolutions modernes, comme les écrits de Babeuf et d'autres

یہ ہر عظیم جدید انقلاب میں موجود رہا ہے ، جیسے بابوف اور دیگر کی تحریریں۔

Les premières tentatives directes du prolétariat pour parvenir à ses propres fins échouèrent nécessairement

پرولتاریہ کی اپنے مقاصد کے حصول کی پہلی براہ راست کوشش لازمی طور پر ناکام رہی۔

Ces tentatives ont été faites dans des temps d'effervescence universelle, lorsque la société féodale était renversée

یہ کوششیں عالمگیر جوش و خروش کے دور میں کی گئیں، جب جاگیردارانہ معاشرے کا تختہ الٹا جا رہا تھا۔

L'état alors peu développé du prolétariat a conduit à l'échec de ces tentatives

پرولتاریہ کی اس وقت کی غیر ترقی یافتہ حالت ان کوششوں کو ناکام بنانے کا سبب بنی۔

et ils ont échoué en raison de l'absence des conditions économiques pour son émancipation

اور اس کی آزادی کے لئے معاشی حالات کی عدم موجودگی کی وجہ سے وہ ناکام ہوگئے۔

conditions qui n'avaient pas encore été produites, et qui ne pouvaient être produites que par l'époque de la bourgeoisie

ایسے حالات جو ابھی تک پیدا نہیں ہوئے تھے، اور صرف آنے والے بورژوازی دور سے پیدا ہوسکتے تھے۔

La littérature révolutionnaire qui accompagnait ces premiers mouvements du prolétariat avait nécessairement un caractère réactionnaire

پرولتاریہ کی ان پہلی تحریکوں کے ساتھ آنے والا انقلابی ادب لازمی طور پر رجعتی کردار کا حامل تھا۔

Cette littérature inculquait l'ascétisme universel et le nivellement social dans sa forme la plus grossière

اس لٹریچر نے عالمگیر تشنگی اور سماجی سطح کو اپنی بدترین شکل میں پروان چڑھایا۔

Les systèmes socialistes et communistes, proprement dits, naissent au début de la période sous-développée

،سوشلسٹ اور کمیونسٹ نظام، جسے مناسب طور پر کہا جاتا ہے ابتدائی غیر ترقی یافتہ دور میں وجود میں آیا۔

Saint-Simon, Fourier, Owen et d'autres, ont décrit la lutte entre le prolétariat et la bourgeoisie (voir section 1)

سینٹ سائمن، فورئیر، اوون اور دیگر نے پرولتاریہ اور بورژوازی کے درمیان جدوجہد کو بیان کیا)سیکشن 1 دیکھیں(

Les fondateurs de ces systèmes voient, en effet, les antagonismes de classe

ان نظاموں کے بانی درحقیقت طبقاتی دشمنیوں کو دیکھتے ہیں۔

Ils voient aussi l'action des éléments en décomposition, dans la forme dominante de la société

وہ معاشرے کی مروجہ شکل میں سڑنے والے عناصر کے عمل کو بھی دیکھتے ہیں۔

Mais le prolétariat, encore à ses débuts, leur offre le spectacle d'une classe sans aucune initiative historique

لیکن پرولتاریہ، جو ابھی اپنے ابتدائی مراحل میں ہے، انہیں ایک ایسے طبقے کا تماشا پیش کرتا ہے جس میں کوئی تاریخی پہل نہیں کی گئی۔

Ils voient le spectacle d'une classe sociale sans aucun mouvement politique indépendant

وہ کسی آزاد سیاسی تحریک کے بغیر ایک سماجی طبقے کا تماشا دیکھتے ہیں۔

Le développement de l'antagonisme de classe va de pair avec le développement de l'industrie

طبقاتی دشمنی کی ترقی صنعت کی ترقی کے ساتھ بھی مطابقت رکھتی ہے۔

La situation économique ne leur offre donc pas encore les conditions matérielles de l'émancipation du prolétariat

لہٰذا معاشی صورت حال ابھی تک انہیں پرولتاریہ کی آزادی کے لیے مادی حالات پیش نہیں کرتی۔

Ils cherchent donc une nouvelle science sociale, de nouvelles lois sociales, qui doivent créer ces conditions

لہذا وہ نئے سماجی قوانین کے بعد ایک نئی سماجی سائنس کی تلاش کرتے ہیں ، جو ان حالات کو پیدا کرنے کے لئے ہے۔

l'action historique, c'est céder à leur action inventive personnelle

تاریخی عمل ان کے ذاتی اختراعی عمل کے آگے جھکنا ہے۔

Les conditions d'émancipation créées historiquement doivent céder la place à des conditions fantastiques

تاریخی طور پر تخلیق کردہ آزادی کے حالات حیرت انگیز حالات کے سامنے جھک جاتے ہیں۔

et l'organisation de classe graduelle et spontanée du prolétariat doit céder la place à l'organisation de la société

اور پرولتاریہ کی بتدریج، بے ساختہ طبقاتی تنظیم معاشرے کی تنظیم کے سامنے جھکنا ہے۔

l'organisation de la société spécialement conçue par ces inventeurs

معاشرے کی تنظیم جو خاص طور پر ان موجدوں کے ذریعہ تیار کی گئی ہے

L'histoire future se résout, à leurs yeux, dans la propagande et l'exécution pratique de leurs projets sociaux

مستقبل کی تاریخ، ان کی نظر میں، پروپیگنڈے اور ان کے سماجی منصوبوں کو عملی جامہ پہنانے میں خود کو حل کرتی ہے۔

Dans l'élaboration de leurs plans, ils ont conscience de s'occuper avant tout des intérêts de la classe ouvrière

اپنے منصوبوں کی تشکیل میں وہ بنیادی طور پر محنت کش طبقے کے مفادات کا خیال رکھنے کے بارے میں شعور رکھتے ہیں۔

Ce n'est que du point de vue d'être la classe la plus souffrante que le prolétariat existe pour eux

صرف سب سے زیادہ تکلیف دہ طبقہ ہونے کے نقطہ نظر سے پرولتاریہ ان کے لئے موجود ہے۔

L'état sous-développé de la lutte des classes et leur propre environnement informent leurs opinions

طبقاتی جدوجہد کی غیر ترقی یافتہ حالت اور ان کا اپنا ماحول ان کی رائے سے آگاہ کرتا ہے۔

Les socialistes de ce genre se considèrent comme bien supérieurs à tous les antagonismes de classe

اس قسم کے سوشلسٹ اپنے آپ کو تمام طبقاتی دشمنیوں سے کہیں زیادہ برتر سمجھتے ہیں۔

Ils veulent améliorer la condition de tous les membres de la société, même celle des plus favorisés

وہ معاشرے کے ہر فرد کی حالت کو بہتر بنانا چاہتے ہیں، یہاں تک کہ سب سے زیادہ پسندیدہ افراد کی حالت کو بھی۔

Par conséquent, ils s'adressent habituellement à la société dans son ensemble, sans distinction de classe

لہٰذا، وہ طبقاتی تفریق کے بغیر بڑے پیمانے پر معاشرے کو اپنی طرف راغب کرتے ہیں۔

Bien plus, ils font appel à la société dans son ensemble de préférence à la classe dirigeante

نہیں، وہ حکمران طبقے کو ترجیح دے کر بڑے پیمانے پر معاشرے سے اپیل کرتے ہیں۔

Pour eux, tout ce qu'il faut, c'est que les autres comprennent leur système

ان کے لئے، دوسروں کو ان کے نظام کو سمجھنے کی ضرورت ہے

Car comment les gens peuvent-ils ne pas voir que le meilleur plan possible est le meilleur état possible de la société ?

کیونکہ لوگ یہ دیکھنے میں کیسے ناکام ہوسکتے ہیں کہ بہترین ممکنہ منصوبہ معاشرے کی بہترین ممکنہ حالت کے لئے ہے؟

C'est pourquoi ils rejettent toute action politique, et surtout toute action révolutionnaire

لہٰذا وہ تمام سیاسی اور خاص طور پر تمام انقلابی اقدامات کو مسترد کرتے ہیں۔

ils veulent arriver à leurs fins par des moyens pacifiques

وہ پرامن طریقوں سے اپنے مقاصد حاصل کرنا چاہتے ہیں

ils s'efforcent, par de petites expériences, qui sont nécessairement vouées à l'échec

وہ چھوٹے تجربات کے ذریعے کوشش کرتے ہیں، جو لازمی طور پر ناکامی کا شکار ہوتے ہیں۔

et par la force de l'exemple, ils essaient d'ouvrir la voie au nouvel Évangile social

اور مثال کی طاقت سے وہ نئی سماجی انجیل کی راہ ہموار کرنے کی کوشش کرتے ہیں۔

De tels tableaux fantastiques de la société future, peints à une époque où le prolétariat est encore dans un état très sous-développé

مستقبل کے معاشرے کی ایسی شاندار تصویریں، ایک ایسے وقت میں پینٹ کی گئی ہیں جب پرولتاریہ ابھی بھی بہت غیر ترقی یافتہ حالت میں ہے۔

et il n'a encore qu'une conception fantasmatique de sa propre position

اور اس کے پاس اب بھی اپنی حیثیت کے بارے میں ایک حیرت انگیز تصور موجود ہے۔

Mais leurs premières aspirations instinctives correspondent aux aspirations du prolétariat

لیکن ان کی پہلی جبلی خواہشات پرولتاریہ کی خواہشات سے مطابقت رکھتی ہیں۔

L'un et l'autre aspirent à une reconstruction générale de la société

دونوں معاشرے کی عمومی تعمیر نو کے خواہاں ہیں

Mais ces publications socialistes et communistes contiennent aussi un élément critique

لیکن ان سوشلسٹ اور کمیونسٹ مطبوعات میں ایک اہم عنصر بھی شامل ہے۔

Ils s'attaquent à tous les principes de la société existante

وہ موجودہ معاشرے کے ہر اصول پر حملہ کرتے ہیں

C'est pourquoi ils sont remplis des matériaux les plus précieux pour l'illumination de la classe ouvrière

لہذا وہ محنت کش طبقے کی روشن خیالی کے لئے سب سے قیمتی مواد سے بھرے ہوئے ہیں۔

Ils proposent l'abolition de la distinction entre la ville et la campagne, et la famille

وہ شہر اور ملک اور خاندان کے درمیان فرق کو ختم کرنے کی تجویز دیتے ہیں

la suppression de l'exercice de l'industrie pour le compte des particuliers

نجی افراد کے اکاؤنٹ کے لئے صنعتوں کو جاری رکھنے کا خاتمہ

et l'abolition du salariat et la proclamation de l'harmonie sociale

اور اجرت کے نظام کا خاتمہ اور سماجی ہم آہنگی کا اعلان

la transformation des fonctions de l'État en une simple surveillance de la production

ریاست کے افعال کو محض پیداوار کی نگرانی میں تبدیل کرنا

Toutes ces propositions ne pointent que vers la disparition des antagonismes de classe

یہ تمام تجاویز، صرف طبقاتی دشمنیوں کے غائب ہونے کی طرف اشارہ کرتی ہیں

Les antagonismes de classe ne faisaient alors que surgir

اس وقت طبقاتی دشمنیاں صرف ابھر رہی تھیں۔

Dans ces publications, ces antagonismes de classe ne sont reconnus que dans leurs formes les plus anciennes, indistinctes et indéfinies

ان مطبوعات میں ان طبقاتی دشمنیوں کو ان کی ابتدائی، غیر واضح اور غیر واضح شکلوں میں ہی تسلیم کیا گیا ہے۔

Ces propositions ont donc un caractère purement utopique

لہٰذا یہ تجاویز خالصتا یوٹوپیائی نوعیت کی ہیں۔

La signification du socialisme et du communisme critiques-utopiques est en relation inverse avec le développement historique

تنقیدی یوٹوپیائی سوشلزم اور کمیونزم کی اہمیت کا تاریخی ترقی سے الٹا تعلق ہے۔

La lutte de classe moderne se développera et continuera à prendre une forme définitive

جدید طبقاتی جدوجہد ترقی کرے گی اور یقینی شکل اختیار کرتی رہے گی۔

Cette réputation fantastique du concours perdra toute valeur pratique

مقابلے سے یہ شاندار مقام تمام عملی اہمیت کھو دے گا

Ces attaques fantastiques contre les antagonismes de classe perdront toute justification théorique

طبقاتی دشمنیوں پر یہ حیرت انگیز حملے تمام نظریاتی جواز کھو دیں گے۔

Les initiateurs de ces systèmes étaient, à bien des égards, révolutionnaires

ان نظاموں کے بانی کئی لحاظ سے انقلابی تھے۔

Mais leurs disciples n'ont, dans tous les cas, formé que des sectes réactionnaires

لیکن ان کے شاگردوں نے، ہر معاملے میں، محض رجعتی فرقے بنائے ہیں۔

Ils s'en tiennent fermement aux vues originales de leurs maîtres

وہ اپنے آقاؤں کے اصل خیالات کو مضبوطی سے پکڑتے ہیں۔

Mais ces vues s'opposent au développement historique progressif du prolétariat

لیکن یہ خیالات پرولتاریہ کی ترقی پسند تاریخی ترقی کے مخالف ہیں۔

Ils s'efforcent donc, et cela constamment, d'étouffer la lutte des classes

لہٰذا وہ طبقاتی جدوجہد کو ختم کرنے کی مسلسل کوشش کرتے رہتے ہیں۔

et ils s'efforcent constamment de concilier les antagonismes de classe

اور وہ طبقاتی دشمنیوں کو یکجا کرنے کی مسلسل کوشش کرتے رہتے ہیں۔

Ils rêvent encore de la réalisation expérimentale de leurs utopies sociales

وہ اب بھی اپنے سماجی یوٹوپیا کے تجرباتی ادراک کا خواب دیکھتے ہیں

ils rêvent encore de fonder des « phalanstères » isolés et d'établir des « colonies d'origine »

وہ اب بھی الگ تھلگ "فلانسٹر "قائم کرنے اور "ہوم کالونیوں "کے قیام کا خواب دیکھتے ہیں۔

ils rêvent de mettre en place une « Petite Icarie » – éditions duodecimo de la Nouvelle Jérusalem

وہ نئے یروشلم کے ڈوڈیسیمو ایڈیشن "لِٹل اکیریا "قائم کرنے کا خواب دیکھتے ہیں۔

Et ils rêvent de réaliser tous ces châteaux dans les airs

اور وہ ان تمام قلعوں کو ہوا میں محسوس کرنے کا خواب دیکھتے ہیں

Ils sont obligés de faire appel aux sentiments et aux bourses des bourgeois

وہ بورژوا کے جذبات اور پرسوں سے اپیل کرنے پر مجبور ہیں

Peu à peu, ils s'enfoncent dans la catégorie des socialistes conservateurs réactionnaires décrits ci-dessus

ڈگریوں کے لحاظ سے وہ رجعت پسند قدامت پسند سوشلسٹوں کے زمرے میں آتے ہیں جن کی تصویر اوپر دی گئی ہے۔

ils ne diffèrent de ceux-ci que par une pédanterie plus systématique

وہ ان سے صرف زیادہ منظم پیڈنٹری کے ذریعہ مختلف ہیں

et ils diffèrent par leur croyance fanatique et superstitieuse aux effets miraculeux de leur science sociale

اور وہ اپنی سماجی سائنس کے معجزاتی اثرات کے بارے میں اپنے جنونی اور توہم پرستی کے عقیدے سے اختلاف رکھتے ہیں۔

Ils s'opposent donc violemment à toute action politique de la part de la classe ouvrière

لہٰذا وہ محنت کش طبقے کی طرف سے تمام سیاسی کارروائیوں کی پرتشدد مخالفت کرتے ہیں۔

une telle action, selon eux, ne peut résulter que d'une incrédulité aveugle dans le nouvel Évangile

ان کے مطابق اس طرح کا عمل صرف نئی انجیل پر اندھا کفر کا نتیجہ ہو سکتا ہے۔

Les owénistes en Angleterre et les fouriéristes en France s'opposent respectivement aux chartistes et aux réformistes

انگلستان میں اوونائٹس، اور فرانس میں فوریرسٹ، بالترتیب چارٹسٹوں اور "ریفرسٹس "کی مخالفت کرتے ہیں۔

Position des communistes par rapport aux divers partis d'opposition existants

مختلف موجودہ مخالف جماعتوں کے حوالے سے کمیونسٹوں کا موقف

La section II a mis en évidence les relations des communistes avec les partis ouvriers existants

سیکشن دوم نے کمیونسٹوں کے موجودہ محنت کش طبقے کی جماعتوں کے ساتھ تعلقات کو واضح کر دیا ہے۔

comme les chartistes en Angleterre et les réformateurs agraires en Amérique

جیسے انگلستان میں چارٹسٹوں، اور امریکہ میں زرعی اصلاح پسند

Les communistes luttent pour la réalisation des objectifs immédiats

کمیونسٹ فوری مقاصد کے حصول کے لئے لڑتے ہیں

Ils luttent pour l'application des intérêts momentanés de la classe ouvrière

وہ محنت کش طبقے کے عارضی مفادات کے نفاذ کے لئے لڑتے ہیں۔

Mais dans le mouvement politique d'aujourd'hui, ils représentent et s'occupent aussi de l'avenir de ce mouvement

لیکن موجودہ سیاسی تحریک میں، وہ اس تحریک کے مستقبل کی نمائندگی اور دیکھ بھال بھی کرتے ہیں۔

En France, les communistes s'allient avec les social-démocrates

فرانس میں کمیونسٹ خود کو سوشل ڈیموکریٹس کے ساتھ اتحاد کرتے ہیں

et ils se positionnent contre la bourgeoisie conservatrice et radicale

اور وہ خود کو قدامت پسند اور بنیاد پرست بورژوازی کے خلاف کھڑا کرتے ہیں۔

cependant, ils se réservent le droit d'adopter une position critique à l'égard des phrases et des illusions traditionnellement héritées de la grande Révolution

تاہم، وہ روایتی طور پر عظیم انقلاب سے دیے گئے جملے اور وہم کے حوالے سے تنقیدی موقف اختیار کرنے کا حق محفوظ رکھتے ہیں۔

En Suisse, ils soutiennent les radicaux, sans perdre de vue
que ce parti est composé d'éléments antagonistes

سوئٹزرلینڈ میں وہ بنیاد پرستوں کی حمایت کرتے ہیں، اس حقیقت کو
نظر انداز کیے بغیر کہ یہ پارٹی مخالف عناصر پر مشتمل ہے۔

en partie des socialistes démocrates, au sens français du
terme, en partie de la bourgeoisie radicale

جزوی طور پر ڈیموکریٹک سوشلسٹ، فرانسیسی معنوں میں، جزوی
طور پر بنیاد پرست بورژوازی کے

En Pologne, ils soutiennent le parti qui insiste sur la
révolution agraire comme condition première de
l'émancipation nationale

پولینڈ میں وہ اس پارٹی کی حمایت کرتے ہیں جو قومی آزادی کی
بنیادی شرط کے طور پر زرعی انقلاب پر زور دیتی ہے۔

ce parti qui fomenta l'insurrection de Cracovie en 1846

وہ جماعت جس نے 1846 میں کریکو کی بغاوت کو ہوا دی

En Allemagne, ils luttent avec la bourgeoisie chaque fois
qu'elle agit de manière révolutionnaire

جرمنی میں وہ بورژوازی کے ساتھ لڑتے ہیں جب بھی وہ انقلابی
طریقے سے کام کرتا ہے

contre la monarchie absolue, l'escroc féodal et la petite
bourgeoisie

مطلق العنان بادشاہت، جاگیردارانہ نظام اور پیٹی بورژوازی کے خلاف

Mais ils ne cessent jamais, un seul instant, inculquer à la
classe ouvrière une idée particulière

لیکن وہ ایک لمحے کے لیے بھی محنت کش طبقے میں ایک خاص
خیال پیدا کرنے سے باز نہیں آتے۔

la reconnaissance la plus claire possible de l'antagonisme
hostile entre la bourgeoisie et le prolétariat

بورژوازی اور پرولتاریہ کے درمیان دشمنی کی واضح ترین ممکنہ
شناخت

afin que les ouvriers allemands puissent immédiatement
utiliser les armes dont ils disposent

تاکہ جرمن کارکن براہ راست اپنے پاس موجود ہتھیاروں کا استعمال
کرسکیں۔

les conditions sociales et politiques que la bourgeoisie doit nécessairement introduire en même temps que sa suprématie

وہ سماجی اور سیاسی حالات جو بورژوازی کو اپنی بالادستی کے ساتھ لازمی طور پر متعارف کروانا ہوں گے۔

la chute des classes réactionnaires en Allemagne est inévitable

جرمنی میں رجعتی طبقات کا زوال ناگزیر ہے

et alors la lutte contre la bourgeoisie elle-même peut commencer immédiatement

اور پھر بورژوازی کے خلاف لڑائی فوری طور پر شروع ہوسکتی ہے۔

Les communistes tournent leur attention principalement vers l'Allemagne, parce que ce pays est à la veille d'une révolution bourgeoise

کمیونسٹ وں نے اپنی توجہ بنیادی طور پر جرمنی کی طرف مبذول کرائی، کیونکہ یہ ملک بورژوازی انقلاب کے موقع پر ہے۔

une révolution qui ne manquera pas de s'accomplir dans des conditions plus avancées de la civilisation européenne

ایک انقلاب جو یورپی تہذیب کے زیادہ ترقی یافتہ حالات میں انجام دیا جانا ہے

Et elle ne manquera pas de se faire avec un prolétariat beaucoup plus développé

اور یہ ایک زیادہ ترقی یافتہ پرولتاریہ کے ساتھ انجام دیا جانا لازمی ہے

un prolétariat plus avancé que celui de l'Angleterre au XVIIe siècle, et celui de la France au XVIIIe siècle

سترہویں صدی میں انگلستان اور اٹھارہویں صدی میں فرانس سے زیادہ ترقی یافتہ پرولتاریہ

et parce que la révolution bourgeoise en Allemagne ne sera que le prélude d'une révolution prolétarienne qui suivra immédiatement

اور کیونکہ جرمنی میں بورژوازی انقلاب فوری طور پر پرولتاری انقلاب کا پیش خیمہ ہوگا۔

Bref, partout les communistes soutiennent tout mouvement révolutionnaire contre l'ordre social et politique existant

مختصر یہ کہ کمیونسٹ ہر جگہ موجودہ سماجی اور سیاسی نظام کے خلاف ہر انقلابی تحریک کی حمایت کرتے ہیں۔

Dans tous ces mouvements, ils mettent au premier plan, comme la question maîtresse de chacun d'eux, la question de la propriété

ان تمام تحریکوں میں وہ سامنے لاتے ہیں، ہر ایک میں سب سے اہم سوال کے طور پر، جائیداد کا سوال۔

quel que soit son degré de développement dans ce pays à ce moment-là

اس سے کوئی فرق نہیں پڑتا کہ اس وقت اس ملک میں اس کی ترقی کی سطح کیا ہے۔

Enfin, ils œuvrent partout pour l'union et l'accord des partis démocratiques de tous les pays

آخر میں، وہ تمام ممالک کی جمہوری جماعتوں کے اتحاد اور اتفاق کے لئے ہر جگہ محنت کرتے ہیں.

Les communistes dédaignent de dissimuler leurs vues et leurs objectifs

کمیونسٹ اپنے خیالات اور مقاصد کو چھپانے سے نفرت کرتے ہیں

Ils déclarent ouvertement que leurs fins ne peuvent être atteintes que par le renversement par la force de toutes les conditions sociales existantes

وہ کھلے عام اعلان کرتے ہیں کہ ان کے مقاصد صرف موجودہ تمام سماجی حالات کو زبردستی ختم کرکے ہی حاصل کیے جاسکتے ہیں۔

Que les classes dirigeantes tremblent devant une révolution communiste

حکمران طبقات کو کمیونسٹ انقلاب پر کانپنے دیں

Les prolétaires n'ont rien d'autre à perdre que leurs chaînes

پرولتاریہ کے پاس کھونے کے لیے کچھ نہیں ہے سوائے ان کی زنجیروں کے

Ils ont un monde à gagner

ان کے پاس جیتنے کے لئے ایک دنیا ہے

TRAVAILLEURS DE TOUS LES PAYS, UNISSEZ-VOUS !

تمام ممالک کے محنت کش مرد، متحد ہو جاؤ!

www.ingramcontent.com/pod-product-compliance
Lightning Source LLC
Chambersburg PA
CBHW011741020426
42333CB00024B/2981

* 9 7 8 1 8 0 5 7 2 3 8 2 0 *